지나간 월요일쯤의 날씨입니다

지나간 월요일 쯤의 날씨입니다

시인수첩 시인선 052

안은숙 시집

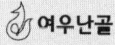
여우난골

| 시인의 말 |

    시가 되기 위해
    나에게 호명되어 온
    낱말들에게
    나는
    아직
    안녕하다는
    안부를 전한다.

| 차례 |

시인의 말 · 5

1부 | 상상(想像)의 변주

배심원 · 15

고한 · 17

마트료시카 · 20

위는 흩어지는 식사법을 갖고 있었다 · 22

장화홍련뎐 · 24

태엽 감는 아버지 · 26

봄날의 리포트 · 28

물의 식자공 · 30

하품하는 오븐 · 32

과꽃 등기소 · 34

열린 문 수집가 · 36

지지부진 · 38

2부 | 관조(觀照)의 시간

개털 깎는 남자 · 43

그늘 레이스 · 46

바람은 가르마를 잘 타지 · 48

친애하는 포옹 · 50

빨간 서재 · 52

터미널 온도 · 54

파본 · 56

빌려주는 뼈 · 58

등, · 60

옮겨가는 기억 · 62

클라인 병(甁) · 64

바람의 조문 · 66

옷을 타고 날다 · 67

나는 그날, 가장 좁은 장례를 보았습니다 · 70

검은 밤에 흰 눈이 · 72

3부 | 사유(思惟)의 풍경들

즐거운 전파 · 77

얕은 강 · 80

눈금 · 82

난파선 · 84

여기는 마녀 출몰 지역입니다 · 86

클립 · 88

뼈를 굴리는 나무들 · 90

돌의 말 · 93

몽유병 · 96

속수무책의 꼬리 · 98

커튼 · 100

스트로(straw)는 내 편 · 102

4부 | 보통의 상상(想像)들

타워크레인 · 105

별지 · 108

인형 양초 공장 아가씨 · 110

일어서는 골목 · 112

쌍둥이에 관한 420장의 진술서 · 114

환상벌레 · 116

예를 들어, · 118

숨은 깃털들 · 120

꽃샘추위 목도리 · 122

하오 쪽으로 · 124

곳곳의 기상대 · 126

엉망진창을 보았다 · 128

텐트는 어디 있나요 · 129

부흥하는 회전문 · 130

해설 | 이성혁(문학평론가)

사물을 포옹하는 자의 시 · 133

1부
상상(想像)의 변주

배심원

 나는 마흔에 기소되었다. 배심원들은 내 마흔에 대한 죄목을 의논하기 시작했다

 나의 마흔은 죄지은 나이

 투덜거림으로 식탁을 차려야 하는 지독한 권태, 그래서 난 낯선 밤을 사랑하기로 했다 화려한 네온사인을 켜고 외출에 몇백 명의 애인을 숨겨두고 싶었던 나의 마흔은 낯익은 사람들이 싫어지는 나이, 판결을 운운하던 날 보라색 속옷을 사들였고 이탈리안 레스토랑에서 스파게티를 먹었다

 손톱을 물어뜯고 마흔 개의 꼬리를 단 나는 꼬리가 길어지는 이유를 자꾸 병원에 물었다

 온갖 연령대들로 구성되어 있는 배심원들 그들은 내가 지나쳐 온 연령이거나 지나친 연령, 사소한 너는 그때 치마를 입지 말았어야 했어 줄 나간 스타킹을 돌돌 말지

않았어야 했어 종교에 귀의할 시간을 놓쳐버린 거야 의견은 달랐다

　나는 공책을 읽었고, 서른에 보내는 투정의 문장들이었다

　두 겹 세 겹 매니큐어를 바르고 한밤중에 나가고 싶었다 그럴 때마다 나는 머리카락을 잘랐다 배심원, 그들은 각자 다른 입장이므로 판결하는 내용이 각각 달랐다 과거를 갖고 판결하자는 사람이 있었고, 현재를 갖고 판결하자는 사람이 있었다 그 어느 의견을 들어도 과반수가 안 되는, 내게는 지루한 재판이었다

고한

그는 날짜 없는 기한을 맡기고 짧은 임시를 빌려 왔다
꽤 묵직한 이자로 며칠은 버틸 수 있을 거라 했다

그사이 가벼운 꽃잎은 떨어지고, 작고 새까만 씨앗들이 열릴지도 몰라

어떤 식물의 씨앗은 다 부채가 된다

문을 열고 왔다가 문을 닫고 가는 곳,
혹은 문을 열려고 왔다가 닫혀서 가는 곳

모든 전성기는
그 지하부터 말라가
갱도의 입구를 물어보면
검은 폐광의 바람이 몰려나오지

숫자를 믿으며
점점 숫자가 되어가는 그는

희박한 확률을 쫓는 폐공 같았다

부피가 큰 것부터 고리가 있는 것들
똑딱이는 것과 기념일까지
굴욕을 맡기고 굴욕을 헐어 갔다

아무도 찾지 않는 진폐증의 도시에서 기침 가득한 생을 마지막으로 버릴지도 몰라
잠이 오질 않았다

탕진의 도시는 풀썩,
꺼질 것 같은 불빛으로 서 있다

제 몸의 무게를 다 잃고 나면, 이 깊은 내륙의 고원으로 남아 원주민이 되어갈까

그 어떤 곳으로도
떠오를 수 없다는 것,

세상에서 가장 무거운 무게가 된다는 것

물건들은 모두 단단히 잠겨 있었다

마트료시카*

고백하건대,
너희들은 나의 불감증이다

풀덤불 같은 입술은 잘 웃지 않는구나
너희들에게 취한 술의 냄새가 나

한 살의 너희와 마찬가지로 나도 그때 한 살이었다는 것을 고백해 너희의 말투를 따라 했다는 것을 고백해 너희들 머릿속은 가늘고 숱이 많은 음모(陰謀)가 나기 시작해 나도 누군가의 사춘기를 따라 했다는 것을 고백해 너희들은 뱀의 초경을 노래 부르지 체취가 여드름처럼 돋아날 때 물려받은 스커트는 점점 짧아졌지

너희들은 흠모하겠지만 애인(愛人)은 손이 닿지 않는 가려운 등 같다는 것
 겨드랑이가 간지러워
 노크해줄래
 방문 열기를 허락할게

비밀은 키가 작아 담쌓기를 원하고 너희들처럼 음모론을 꿈꿔

　살랑대는 엉덩이는 너희에게 줄게
　위태한 최초의 걸음은 나에게 줄래

　화장으로 덧바른 너희와 난 오늘도 은밀하게 나오지
　너희는 내 뱃속을 따라 하고
　나는 너희의 나이를 따라 해

---

*　마트료시카(matryoshka) : 하나의 목각 인형 안에 크기순으로 똑같은 인형들이 여러 개 들어 있는 러시아의 전통 인형.

위는 흩어지는 식사법을 갖고 있었다

날개를 수저처럼 사용하는 새들
활강하는 것들로 배를 채우는 저 투명한 위에는
가끔 날아가는 풍경이 보인다

흔들리는 잎눈
먼지의 시야
움직이는 것들로 배를 불린다

지상으로부터 새어 나온 연기가 빨려 들어가는 곳
흩어지는 소화법을 갖고 있어
굴뚝의 끝을 좋아하는 식성이다

무거운 것들은 모두 아래에 주고
가벼운 것들만 편식하는 공활(空豁)한 위(胃)

간혹 굉음의 혈관이 생겨나고
때론 천천히 움직이는 무늬를 소화하는
저 위의 표정엔

폭발하는 불꽃이 있다

눈발은 위에서 하품으로 녹아내리는 역류다

소각로도 없이 지구 어느 강변에선 몇 구
죽음이 흩어졌다
그럴 때면 허공엔
기류 따라 태풍의 눈이 생기기도 하고
천둥의 날개를 보이기도 한다
내려앉지 못하는 날개는 굉음의 식욕을 갖고 있다

폭염으로 붉게 타는 위
어두워지면 활엽수림이 일제히 움직이고
별은 위의 기호적 식욕이라는 듯
광년(光年)을 지나면서 서서히 녹고 있다

장화홍련뎐

빵틀 없이도 구울 수 있는 빵은
삼단으로 나뉘어 땋은 할라빵

권선징악은 틀이 아니라 맛의 미담(美談)이므로 선과 악은 발효의 차이다 미지근한 물에 밀가루와 이스트로 스펀지 반죽을 하면 장화가 부풀고 첨가물이 필요한 넌 아직 홍련

한 어머니가 두 딸의 머리를 땋고 있다 머리를 엉켜놓는다 엉킨 머리카락은 발효된 반죽 같다 숨죽인 장화와 홍련은 아빠가 오길 기다린다

털이 있는 곳마다 부푼다

여섯 갈래 반죽이 된 친절과 성숙은 여섯 갈래 밧줄처럼 갈라진다 가운데 머리를 잡고 오른편 머리채를 왼편으로 넘기면 왼편 머리채는 오른쪽으로 넘어간다 이불 속에선 다리 잘린 쥐가 꼬리를 찾고

머리채 어디에 저렇게 봉긋 솟은 발효가 들어 있었을까 치렁치렁한 머리채가 부푸는 나이, 엇갈린 정리에 연못이 자라고 있다

 홍련과 장화는 꿈의 자매
 쥐가 머리채를 타고 오르내린다

 할라빵이 끊임없이 구워져 나오는 연못, 미지근한 물살에 누군가 알람을 던지면 묶여 있는 머리채가 파문으로 풀어진다

 권선징악, 동화는 노릇하게 구워진다
 흉담은 겉장을 찢고 나오고 미담은 여전히 책 속에 있다

태엽 감는 아버지

어느 나라를 사랑한 적은 없지만
그리워한 적은 있다
그럴 때 나는 태엽 감는 장난감을 갖고 놀았다
태엽을 감다 보면
자꾸 무더운 여름이 왔고
아버지는 노을처럼 녹슬어갔다

엄마의 방은 온통 한쪽으로만 감겨 있었고 늘 열려 있어 좋았다
저녁이면 내 입에선 혓바늘이 돋아 하수구 있는 좁은 마당에 빙글빙글 비행기가 한 방향으로 잘도 돌았다
그 어지러운 기류를 타고
나팔꽃이 피어났다

장난감은 고장이 나는 것이 아니라 싫증이 나는 거라 생각했다 눈이 따가울 때 어느 먼 나라는 가까이 감겨 있었고, 옆집 담 끝에 걸려 있던 파란 감이 서둘러 붉어지면 아버지가 돌아왔다

고봉밥이 올라오고
며칠 동안 대문은 잠기지 않았다

그럴 때마다 장난감은 바뀌었지만
아버지, 나는 말하는 장난이 필요해요

주기를 두고
태엽을 풀며 오시는 아버지
아버지는 오래 풀며 사셨고
나는 너무 감겨서 잘 풀어지지 않는다

아버지가 옆에 있으면 지금도 덥다
아버지 몸속엔
오래 풀리는 무더운 여름이 있다

봄날의 리포트

- 몇 겹 바람의 뭉치

몇 겹 바람의 뭉치가 흔들리는 저 분홍의 겹은 바람의 시료(試料)다. 꽃잎을 따라 나오는 분홍은 얇은 혐의다. 옮겨 다니는 봄의 단추다. 꽃이 핀 나무는 실험용 비커, 흔들면 반응하는 물질이다. 연기도 나지 않는 화재(火災)다.

- 노란 온도

마을 입구 튀밥 기계가 임시 설치되었다. 몇 개의 온도를 지나 노란 온도에서 뒤집힌 울화(鬱火)가 제 가슴을 치듯 흔들린다. 학계에 보고되지 않은 열기가 목질 속에 들어 있다. 섭씨의 타이머를 단 노란 산수유가 핀다. 만약 저 온도가 성화라면 곧 식은 탄식이 초록의 열매로 자잘할 것이다.

- 성급한 눈

털도 없이 눈뜨는 앙상한 버들가지들, 물소리를 먹고 자란 것들이 가지마다 실눈을 뜬다. 부리에서 받아먹은 기억은 다시 부리가 되고, 이른 봄을 덥히는 솜털들은 다시 솜털이 된다. 지금은 모두 입 벌리고 푸른 잎의 날개를 기다린다. 근처의 꽃잎들은 이소(離巢)를 준비하고 있다.

 – 검은 수심

 마당을 찾아다니는 화종(花種)이 있다. 검은 수심에 파문도 없이 떨어진다. 흘러가지도 않는 익사체. 마당에서 나는 오래 허우적거린 적 있다. 미닫이문을 열고 싶어 하던 소리가 있었고 방으로 들어오고 싶어 하던 겹겹의 날씨가 있었다. 나는 방을 떠돌았고 목련은 봄을 떠돌았다. 떠올려보니 흰색의 걸음은 그때 다 디뎌서 지금은 없다.

물의 식자공

중앙공원에 펼쳐진
파문이 정렬되는 한 권의 물 가득한 책

공원 인부들이 탁한 책의 내용을 갈고 있다

물때처럼 일어나는 누런 낱장들
던져진 조약돌 하나가 글자로 식자되고 있다

중간쯤 펼쳐진 페이지엔
구름이 접혔다 흘러간다
제목으로 노간주나무 하나 세워두고
책의 내용들이 주름으로 휙휙 넘어간다
내용 사이로 가끔 비행기가 지나갔고
그럴 때면 밑줄을 긋거나
문장의 여백에 투명을 접어놓는다
행간에 몇 마리 새는 보이지 않는다

계절에 따라 적절하게 내용을 수정하는 책

모두 한때 책의 내용이었다는 듯 앉았다 간다

책의 내용을 알려면 나무를 흔들어야 한다
빠져서 발을 적셔야 아는 문장이다

빗방울을 모아 구두점을 찍거나
소금쟁이들을 풀어놓아 슬쩍
내용을 바꾸기도 하는 물의 책

물때가 낀 책을 청소하는
물의 식자공들
다시 물이 채워지고 뒷장과 앞장의
내용이 맑게 고이고 있다

흔들리는 제목이 세상에 어디 있을까

책의 페이지에 손을 넣어 씻는 일로 돌이켜 보면
세상에는 제목을 흔드는 손들이 있다

하품하는 오븐

 태풍이 지나가는 들판, 빵 위에 노릇하게 붙어 있는 구름
 어느 초원에선 아직도 들불이 구워놓은 구름이 있다

 오븐의 타이머를 누르면 콧노래가 흘러나온다
 가장 오래된 가사(家事) 노동요, 허밍

 부푼 식욕이 지루한 오후를 오븐에 넣고 반죽이 묻은 손은 빵틀에 구겨 넣는다 베수비오산 하나를 반죽하는 동안 튀어나오는 동물 모양의 빵틀, 밀가루 날리듯 날아가고 싶은 맛있는 표정 옆엔 하품하는 오븐이 있다

 콧속까지 밀려 내려온 집들과 언덕의 폐허를 지키는 올리브나무는 아직 덜 익었다 만지면 휘어지는 이파리, 소금 통에서 절여지는 올리브나무, 수분 없는 공연이 펼쳐지는 원형극장에 풀풀 날리는 신부의 목소리는 향로를 흔들었다

흘러내린 모양으로 관을 삼고 있는 사자(死者)들
 몇천 개의 빵틀이 묻혀 있는 바닷가 근처는 폭식의 기슭이다

 비스듬한 더위와 석회분이 섞인 빗줄기
 타이머 작동법을 알려주는 일기예보의 시간, 이스트 없이도 부푼 처녀들은 저기압 가장자리에 표시되고

 붉은 열매들은 화온(火溫)으로 익는다

과꽃 등기소

숫자들이 모여든다
모여든 숫자들은 다시 기록이 된다
확정의 창고
무한한 등재의 날짜들
숫자를 받는 일로 시작되는 일생

오래된 등기소에는 관습처럼 열려 있는 정문이 있다 미완의 숫자들이 이곳에서 날짜가 된다 엉킨 숫자와도 같은 늙은 등나무가 있고 확인필 도장을 찍기 위해 과꽃은 필수다 그 씨앗을 손에 받으면 열 개의 숫자밖에 되지 않겠지만 후- 불면 꽃밭이 된다 대문이 달리거나 계단이 생긴 숫자마다 과꽃 같은 확정의 도장이 찍혀 있다

노란 은행의 촉탁으로 기록된 나뭇잎이 올가을도 기한이 다 되었다고 떨어진다 점심을 기다리는 직원들 손은 과꽃 빛으로 물들어 있고 손에서 눅눅해지는 대기표들은 저마다 말소되기를 기다리거나 정정될 사유를 납작하게 품고 있을지 모른다

정확한 등기 날짜도 모르는 채 살아가는 날들
공증인이 없는 저 하늘도
구름접수장만 여럿 비치해 놓고 갔다

아무 날짜에 가도 다 받아주는 죽음이 있다고
전도(前導)의 말들마다 어깨띠가 둘려져 있다

열린 문 수집가

 열린 문을 수집하다 보면
한여름 들어 있는 문이 가장 많았다

 상자 속을 기웃거리거나 머뭇거리거나 서둘러 지나가게 되는 골목의 답보가 들어 있다

 닫힌 문을 보면 다른 차원으로 연결된 것처럼 보이고, 열린 문은 왜 막다른 것처럼 보일까

 열린 문에서 선풍기가 돌아가고 또 어느 열린 문에선 아이가 웃는 우리 동네엔 열린 문이 많았다 그 문으로 들어간 아이들이 늙어 나오고 동생은 세 명의 아이를 데리고 나왔다

 자두나무가 흔들리고 자두가 열리고
열린 문 속에 플러그가 빠진 부주의한 방들

 문이 없는 집을 구하고 내가 한 일이란 문을 달고 불

안을 돌보는 일, 폐가의 말로는 무너지는 것이고 벌컥 문을 열고 내가 사라지는 순간이 있겠지만 한 번쯤 열었던 문들은 가끔 불의 눈을 가졌다

   열린 문으로 아이를 낳고
   엄마를 내보냈다

   열린 문을 수집하다 보면 쾅쾅 닫히는 소리를 찾아다니거나 읽다 만 성경 구절에 밑줄을 받쳐놓는다

   어느 집이건
   열고 닫는 가업(家業)이 있다

지지부진

 옥탑은 한 오 년마다 빨랫줄이 끊어지고 유성이 떨어지고 선인장에 꽃이 피었다 가끔은 곰팡이가 핀 출근을 내다 말리며 기다리는 새 이력서를 건네줄 택배기사는 삼천이백삼일 휴가를 떠났고 내려가는 옥외계단은 녹슬고 점점 층계가 늘어만 간다

 한 칸을 내려가면 팬지꽃이 피어 있고
 두 칸을 내려가면 등 뒤의 집은 구름과 닿는다

 마른 몸의 애인이 삼백 년 주기로 찾아오고 애인의 임신 주기는 육백 년마다 찾아왔다 도둑은 천 일을 걸어 밤에 도착했다 열리는 문소리 불이 켜지는 등 뒤, 귀가하고 싶지 않은 집을 들어설 때마다 도둑 같았다 새벽도 신문도 점점 비대해져 가고 가끔은 태양도 턱을 괴고 흘러내리던 일을 멈출 때가 있다 그런 날이면 삼억 광년 떨어진 도시가 흐리게 보여 좋았다

 추월이란 없다 연월일이 적힌 달력은 삼천육백오십일

누렇게 매달려 있고 무릎은 헐렁하다 못해 느슨해지고 두툼한 직물은 한 올 한 올 늘어져 풀리고 있다 접이식 슈트케이스 안에 들어가 낮잠을 자기도 했다 위대한 이 진화의 시대에 아직 먼지만으로 연명하는 생물이 있다는 것에 경악할 필요는 없다 거미줄 하나 빌려다 문에 걸어 놓고 오백 년 동안의 월세 날을 골라 깜박 잠을 자야겠다

 그 어떤 서열과 편애도 없던 주의 깊은 눈 하나 붙잡아 두지 못했던 계절이다 더럭 이웃의 기척과 냄새가 올라온다 모처럼 새 옷 한 벌이 걸린 빨랫줄, 지구에서 이사 갈 곳들이 몇억 광년 밖에서 가끔 발견되곤 하는 요즘이다

2부

관조(觀照)의 시간

개털 깎는 남자

남자는 으르렁거리는 부위를 피해
사납고 더러워진 구름 뭉치를 깎아낸다

저 구름은 뭉뚝한 다리로
겅중겅중 뛰기도 하고 꼬리도 있다
어느 진창을 지나왔는지
드문드문 먹구름 색
한바탕 소나기가 쏟아질 것 같지만
이내 온순해지고 마는 구름이다
먹구름이 기계 소음 속으로 빨려들어 간다

구름엔 두 가지 유형이 있지
털갈이하는 쪽과
가윗날을 기다리는 쪽

한밤 컹컹 짖거나 산등성이를 바라보며
날렵한 꼬리를 흔들어대는 구름
쩔렁거리는 목줄을 하고

가장 어둑한 곳에 코를 묻고 잠드는
따뜻한 구름

갑자기 몰려온 먹구름은 이제 곧
자루 속으로 들어갈 것이다
선반 위를 말끔히 걸레질하는 저 남자는
지독한 고기압이다
중심부를 지나는 고기압 세력에
재갈이 물린 저기압은 곧 맑은 날을 드러내고야 말 것이다

뭉글뭉글 풀어놓는 구름
저지대로 방향을 틀 때마다
점점 불룩해지는 자루
곱실거리는 실타래처럼 푹신한
저기압의 구름 뭉치가
금세라도 뛰쳐나와 내게 꼬리를 칠 것만 같다

남자는 구름을 음습한 그늘에 밀어놓는다
사나운 하중을 경쾌하게 덜어낸 두 다리와
포만감을 기억하는 꼬리는 결핍을 흔들어 보이고

구름 한 점 없는 가을날에
목줄이 채워진다

그늘 레이스

정오는 잠깐 서 있는 것들의 이름
그리고 한쪽으로 기울어지는 것들의 전(前)

서성이는 햇살은
어디로 갈지 주춤거리고
비스듬한 각도로 사람들을 따라다니죠

재단하지 않아도
모양이 생겨나는 정오의 그늘들
핑킹가위 지나간 듯
서 있는 것들의 주변에 레이스가 생겨요

들추지 않아도
살짝 보이는 레이스
언젠가 보았던
언니의 속치마 같은 느낌
가끔 바람의 몸에 덧입혀져 있기도 하죠

검은 물결무늬들이 흘러내리고 나면
햇살은 돌아서거나 비어간다는 거죠
내리쬐는 정오에게
장식이란 없어요
유일한 장식인 그늘 레이스

정오는 얼굴이 붉은 교착점이에요
지나가는 왼쪽의 방향을 갖고 있어요

늘 내 쪽으로 치우친
아버지와 어머니는 나만의 유일한 장식,
나만의 그늘 레이스예요

뜨거운 공중은 염두에 두고
바닥을 걸어가는

정오가 오지 않는 날은 없어요

바람은 가르마를 잘 타지

바람은 가르마를 능숙하게 잘 타지
풀밭 가르마를 타는 바람

나는 풀밭의 태생
나는 가르마를 잘 못 타는
엄마의 딸
당신의 결정을 한 번도 머리에 얹은 적 없지

머리카락의 경도
바람이 머리를 잘 땋는다는 것은 아주 사소한 일
밀반죽 여섯 갈래를 땋고 있는 빵집 주인
할라빵을 내어놓고 있지
머리카락은 언제나 발효되어 있지

유희는 나누어진 중간에 있지
나는 뛰면서 나의 반을 확인해
중심에서 기우뚱거리려 노력해 나는
바람은 중심을 알려주지

우리는 나누어진 사이를 반드시 만들려고 하지
이것은 가장 안락한 형태
당신은 나의 찡그린 한쪽으로 들어와서
그 후로 당신은 나를 늘 찡그리게 만들었지
당신이 반으로 갈라지고 싶거든
바람에게 청탁해

우리 동네 미장원 언니 가르마를 잘 타지만 이혼을 했지
바람이 안 생기는 가르마가 두피를 버리고
머릿속으로 숨어버렸지

아이들은 가르마에서 태어나지
정확하게 반이 나누어져 있나요.
내가 처음으로 들은 엄마의 말이었지

친애하는 포옹

창가의 여인*은 복도식 신발을 신고 있다
우단 스커트는 지나간 월요일쯤의 날씨다

날씨들은 나뭇가지들을 구불거리는 곳으로 데려간다
밖을 내다보고 있는 레이스는
부주의하고
맨살을 덮은 무릎의 레이스는
다리를 휘감거나 자주 흔들린다

유리 사이에 낀 십자가, 신앙은 늘 뾰족하다
높이 솟은 머리는 똬리를 튼 겨울잠
검은 숱이 한 방향으로 멈춰 있다

중세의 창문들은 여인의 허리쯤에나 있다
어린아이들을 위한 창문은 없다
한나절은 잘록한 허리처럼 길어지고
여인의 눈은 줄곧 거리 끝으로 헤엄쳐 갔다

가끔 찌를 듯 태양이 부서져 내렸다
양산을 잃어버린 순간의 햇빛, 신발은 납처럼 무겁다
목을 타고 올라온 숨이
입안에서 빙그르르 맛있다

마치 세워놓은 관 속의 여인이
십자가를 열고 밖을 내다보듯 서 있는 창가
침묵을 깨고 괘종이 울릴 때까지

창밖 마차는 떠나고 발소리는 계단을 올라온다
친애하는 옷걸이와 침대는 가지런하다

* 창가의 여인 : 카스파르 프리드리히(Caspar David Friedrich)의 작품(1822).

빨간 서재

 가지런히 벗어놓은 옷들보다 헝클어진 일기가 좋아 황급한 방, 서재의 책들을 파르륵 넘기다 떨어진 몇 개의 글자들로 야설의 제목을 정해도 좋아 빈방이지만 두근거리는 거주가 있어 좋아

 우리는 설레는 촌수 언니의 방향은 남남이고 어느 방향은 부정이 되는 관계 아무도 모르는 촌수

 누군가 훔쳐보고 간 제목들, 겉장의 빗장을 열어두고 가는 내용엔 꼴깍 침이 넘어가는 대목이 참 많아 며칠 그곳에서 살고 싶기도 하고 설령 접혀 있는 페이지가 많은 책 속에서 미처 빠져나오지 못해 등장인물로 갇히고도 싶은 책

 책갈피에 숨겨 둔 사진, 질투에 여러 권의 책에 꽂기도 해 나는 긴 머리카락을 가진 빨간 다리의 바깥 여자 짧은 은밀함과 긴 귀가로 비틀거리는 거짓을 연출하기도 하는

어느 집이건 빨간 촌수는 있고

　문 안쪽이 바깥이 되는 바깥의 방, 빗장은 안쪽이 되고 자물쇠는 바깥이 되는 곳 언니를 지나면 열리는 빨간 서재

터미널 온도

터미널의 커피는 왜 항상 한 2도쯤 식어 있을까 왜 서두르는 맛이 날까 권역별 지명들이 왁자하게 섞이는 터미널, 울렁거리는 노선을 지나온 버스에서 내리는 근거리의 피곤한 얼굴이 있다

나는 한 2도쯤 식어 있는
터미널의 온도가 좋아

선팅된 약국의 멀미약 글자 사이로 내다보는 안경 쓴 약사가 있고 어눌한 발음으로 묻는 검은 얼굴의 사내는 어눌한 설명을 믿지 못하고 빨간 아이들이 허겁지겁 비우고 간 스낵코너엔 빈 접시가 있고 발차하는 지명들이 모여 있다

입석의 경유지들이 화장실을 찾아 두리번거린다 두리번거리는 시간이 먼 곳과 인근으로 나뉘는 곳, 지연되지 않는 시간 시동이 걸려 있는 모두의 목적지, 바퀴들의 둥근 공기들은 뜨겁거나 아슬아슬 낡아 있다

나는 한 2도쯤 뜨겁거나 서두르는
터미널의 온도가 좋아

　불지 않은 시간만 있을 것 같은, 몸속의 화기 식히러 가끔 터미널로 가면 한 2도쯤 식혀 돌아오는 터미널의 온도들

파본

 누군가 엄지로 책을 날려 보내고 있다
파르륵 소리가 날아가고 있다

 낱장은 혼자 날 수 있는 날개가 아니다 누군가 눈여겨 보는 것으로는 날 수는 없다 엄지의 건성으로 살짝 접혀 날아가는 한 권의 날개, 한 장 한 장의 낱장마다 수백 개의 눈 모양을 갖고 있다

 꼼꼼히 들여다본 누구는 밀교라 이야기했고 또 누군가는 정독이라 했다 엄지의 방향에 따라 오른쪽 날개가 되기도 하고 왼쪽 날개가 되기도 한다 검은 날개가 흰 날개가 되기도 한다

 아교의 몸을 가졌다 몇 장의 날개쯤은 뜯겨 나간다 해도 찢어지는 줄거리는 없다 그 뜯겨 나간 부분은 잠시 날개가 쉬는 지점, 오래 접힌 날개에 먼지의 옷이 덧입혀져 있다

자음과 모음의 뼈는 옮겨 다녔다 가끔 목차에서 이탈하는 경추(頸椎)도 있다 무료할 때는 책벌레를 교육했지만, 날개를 먹고 사는 것들은 날아오르지 못한다

 분쇄의 봄이 꽃가루처럼 날아다닌다
 분쇄소에선 지금 깃털들이 날아다닐 것이고, 글자들은 파르륵 소리로 낡아간다

빌려주는 뼈

포옹, 둘이 하나가 되는 순간
순간의 동작으로 구조물이 된다

골조가 필요한 저 행동은
서로 빌려주는 뼈가 된다

내가 가진 뼈의 수만큼 나는 불안해서 가끔 다른 뼈를 상상한다 살며시 기대어 일어서려는 뼈가 된다 나의 뼈는 부축으로 일어날 수 있는데 뼈가 없는 것들의 힘은 어디서 생겨나는 걸까 뼈가 없는 것들이 뼈 없이 일어서려 할 때 나는 어떻게 해야 하나

때때로 나는 부축하거나 때로는 주저앉히거나 한다 주변의 친절한 도구가 되려 한다

나는 부추길 때 서 있는 뼈들을 생각한다 나쁜 뼈들이 나를 일어서게 하고 뼈 없는 곳에 보형을 요구하기도 한다 동네 치과병원엔 아담한 남자가 무너진 치조골을

재건한다 뼈 있는 것끼리 부딪히고 우리는 겹치는 교묘함으로 욕망하지만,

  포옹은 뼈를 빌려주는 일
  완벽한 뼈가 되려 하는 일

  죽어 있는 나무를 타고 오르는 저 넝쿨들, 세상의 줄기들은 다 뼈가 된다 나의 뼈도 너의 뼈도, 상상의 뼈 하나로 일어서려 한다

등,

등은 구부러지는 바깥

바깥은 바깥으로 구부러질 때 부러진다
외면했던 순간들보다 외면당했던 순간들이 내게 더 많아
뒤척거리는 것들을 다독여 누워 있던 등

나는 오늘도 뒤척거리는 외면을 업고 있다

달의 뒤편은 온갖 소문과 수군거리는 오해를
늘 장식으로 달고 있었다

오래 잊고 있던 이름을 불러준 것도 등이었다

한 번도 수식이 달리거나
화장한 적 없는
다만 등의 기억엔 우는 아이가 있고
달래는 흐느낌이 있었던 곳

아무리 뒤돌아서도 나를 알아보지 못하는 등
두근거리는 곳을 가장 가까이 두었던 근처
아주 작은 귀가 달린,

몇 개의 걸음이 그곳에서 떨어져 나갔지만
그 무게로 점점 굽어질 내 등엔
여전히 울음은 남아 있고
손이 쉽게 닿지 않아 달랠 수 없었다

내 등은 보채는 아이의 울음처럼 아팠지만
끝내 엎드렸던 굴욕을
일으켜 세우지도 못했던
등,

옮겨가는 기억

느티나무 아래, 아이와 놀았다
옮겨가는 것은 몇 평 햇볕이 아니라 그늘이었다
뒤뚱거리는 보폭으로 느티나무는
더운 여름을 지나가고 있었다

그때의 기억은 울었고
떠올린 기억은 웃는다
기억은 넘어질 수도 있고 울 수도 있다
꽃들이 무릎을 깨고 붉은색을 흘릴 수도 있다

누군가 부른다면 이미 나를 지나친 이름
부를 때마다 뒤돌아 갈 수 없기에
기억은 그쯤에 있는 것이다

엄마의 기억은 아이의 걸음에 맞추어 어려지고, 아이의 몸은 커 간다
큰 나무에서 옮겨가던 여름
닮는다는 것은 서로 멀어지려 하기 때문이다

오래 기억하려 하기 때문이다

낯선 계절을 너에게 줄게
낯익은 엄마를 너에게 줄게

오전은 편모슬하 오후는 편부슬하의 느티나무 아래에서 낯모르는 너의 아이와 놀아주렴

아이의 등으로 자라는 엄마의 시절
그 기억들
천천히 굽어질 관계들
기억은 옮겨가는 것으로 퇴화하는 것이다

클라인 병(瓶)*

　의문은 어디에 있든 의문이다
　귀 안의 의문이 입 밖의 의문으로 새어나가듯
　소의 입에서 씹히고 있는 직선들, 엉킨 건초의 뭉치들이 풀어지며 모여드는 클라인 병
　두 개의 대롱이 빨아올리는 의문 혹은 우문

　뿔은 스스로 확인할 수 없는 나이
　짐승은 제 나이가 제 머리 위에 있는 것을 알까
　엉키지도 않고 두 개의 뿔로 나뉘어 굳어가는 나이
　서로 잘 피해가거나 어쩌다 쑥 뽑히기도 하는 임시의 근질거리는 연령

　어쩌다 우물거리는 우문이 현자의 경지에 들면
　잠깐 제 머리를 숙이는 것만으로도 확인할 수 있는 그림자 나이가 있다
　단 한 번 고개를 숙이는 예의로
　제 나이를 알 수 있는 클라인 병

뿔을 가진 동물은 원형의 나이를 두 개의 뿔에 나누어 놓는다
　쉽게 깨어지지 않는 각질
　하나가 뽑히면 다른 쪽 하나가 그 나이를 읽고 자란다
　왼쪽과 오른쪽을 옮겨갈 수 있는 나이라니
　기울이거나 세우지 않은 높낮이
　소는 어느 쪽 나이가 무거웠을까

　가장 둔한 각질에 연령을 두는 눈이 큰 되새김질, 양쪽의 나이로 살아가는 소
　어느 쪽으로 이 우물거리는 우문을 올려 보낼까
　큰 눈을 멀뚱거리는 클라인 병

---

* 클라인 병(甁) : 수학에서 클라인 대롱으로 뫼비우스의 띠를 닮아 만든 도형. 3차원 유클리드 공간으로 몰입하면 몸체를 뚫고 들어가는 것 같지만 자기 자신을 뚫고 들어가지는 않는다.

바람의 조문

 먹구름의 휘장을 기다리는 사막에는 낙타풀의 허기가 가지마다 가시를 매달고 있다. 두 개의 사구를 짊어진 낙타가 지나간다. 스카라베*는 오십 번 굴린 똥으로 배를 채워 벽화 속에 몸을 묻고, 캐러밴이 거품을 물고 쓰러진 자리에 모래는 무덤을 세운다. 이때 어린 낙타의 울음도 함께 묻힌다. 건조한 와디**마다 고여 있는 비명, 어미 눈물이 묘지를 찾는다.

 바람이 마두금을 켜는 저녁, 이곳에 들어온 바람은 모두 둥글다. 모래언덕 아래 꽃들은 바람이 한 바퀴 돌 때마다 꽃망울이 터졌고, 사막 모래가 구르고 굴러 조문처럼 장미가 피어났다.

---

*　스카라베(scarab) : 고대 이집트에서 수호 부적과 인장으로 사용하는 쇠똥구리.
**　와디(Wadi) : 건조 지역에서 평소에는 마른 골짜기. 큰비가 내리면 홍수가 되어 물 흐르는 강.

옷을 타고 날다

옷에 다른 사람의 손이 닿을 때
옷은 날아간다
꽁지를 까닥거리다 연기가 된다

옷은 끊임없이 시중을 원한다
그래서 치맛자락이 길거나 자잘한 무늬로 틈을 보인다
나는 벗겨주는 시중보다
입혀주는 시중이 더 좋았다

옷들은 저마다 기념일을 갖고 있었다
아주 작은 옷에서 내가 나왔다
그곳을 빠져나왔다고 할까
그 옷을 벗었다고 할까
점점 작아진 옷은 커버린 나를 잡고 칭얼거렸다

옷장을 열어놓으면
옷들은 자꾸 날아가려 한다

흙 묻은 옷을 탁탁 털다 보면
다른 사람의 손이 보이고
처음으로 입었던 옷에는
엄마가 숨어 있었다

무수한 옷들을 갈아입고 날았던 기억엔
보풀이 많거나 실밥이 풀어져 있다
꽃밭을 묻혀 온 것들은
한 번쯤 날았던 옷들의 징후

예쁜 옷은 꼭 넘어지고
아이는 점점 미워진다
그것은 최초의 비행 흔적 같은 것
넘어졌던 곳을 끊임없이 돌고 있다는 생각이 든다
그때마다 그곳은
날기를 실패했던 곳이란 생각이 든다

날기 좋은 의지가 가격표처럼 붙어 있다

구겨진 옷들을 보면
끊임없이 날아오르려 한다는 것
누군가 옷을 입혀줄 때
날아오르거나 날아가기 가장 좋을 때라는 것
불을 타고 날아가는 옷들처럼

나는 그날, 가장 좁은 장례를
보았습니다

며칠 동안 채널은 돌아가지 않았다 몇 번의 화면조정 시간이 있었지만, 사경은 끝내 조정되지 않았다 편성표 어디에도 끼워져 있지 않은 독거, 삼십 촉 조등은 계속 켜져 있었고 창문 밝기의 차양이 달려 있었다

문 안의 장례

어느 시간대엔 울음소리와 웃음소리가 흘러나왔다 절차의 논의가 고성을 내기도 했다 일기예보는 영하의 날씨로 시신을 지키고 있다 그사이 탁발이 지나갔고 긴 축제 행렬이 지나갔다 두부 실은 트럭 행상이 지나갔으나 그 어떤 음식의 냄새도 집 밖으로는 나오지 않았다

문밖에는 사르륵, 폭설이다
조문하듯 차들은 몇 회째 헛바퀴만 돌리고 있다

가장 좁은 장례, 아무도 발자국을 남기지 않았다 가장 가깝다는 건 같은 채널을 공유했다는 것, 작고 허름

한 문의 바깥보다 문의 안쪽 화면이 더 가까웠다 남루한 관계보다 쉽게 켜고 끌 수 있는 관객이 더 좋았다

　저 좁은 방에 어쩜 저렇게 많은 사람이 북적거릴까 노상의 쓰디쓴 술 한 잔도 없이 조문하는 목소리들, 꼭 한 사람의 목소리가 빠진 왁자함엔 알아듣기 힘든 말들이 있다

　오늘, 갸웃한 궁금증이 한 죽음을 불러냈다

검은 밤에 흰 눈이

국도로 조용한 오후가 달려갔다

자동차 불빛이 가득 들어 있는 개
길의 바깥쪽에 제 머리를 두고 목 저쪽엔 컹컹 짖지 못한 소리가 쌓여 있다
아무도 탐하지 않을 저 개는 공중을 한순간 날고 싶었을까

붉은 내장을 갖고 있었다는 듯,
붉은 기척이 흘러나온다

경직된 네 개의 발과 꼬리는 논밭으로 뛰어가고
느슨한 가죽과 마지막으로 맛본 색깔이
주둥이 주변에 묻어 있다

개의 집은 횡단의 이쪽이나 혹은 저쪽,
아직 꺼내지 못한 그 어떤 의혹이 죽음을 포장하고 있다

눈으로 밀려들던 불빛은 온데간데없고
주변은 임계의 색깔로 어두워진다

누런 색깔의 시간을 지나서 왔다
한번 끊고 나온 생이 국도에 영영 매였다

눈이 내린다
한겨울 개에게 흰 눈이 덮이고 있다
평생 저렇게 깨끗하고 고요한 덮개는 덮어본 적 없을,
얇고 흰 눈이 덮이고 있다

움직이는 건 흰 눈발밖에 없는 국도변
고요한 죽음,
검은 밤에 흰 눈

3부

사유(思惟)의 풍경들

즐거운 전파

일요일은 색이 없다
색깔은 많은 분량의 순서부터 적은 분량을 물들인다
인간은 결코 평온한 날을 갖고 싶었으나
가질 수 없었다

휴일은 인간의 편이 아니다
기계들은 쉬고
품위 없는 일들이 너저분하게 널려 있는 일요일

가장 극심한 노동
턱을 괴고 있거나 침대에 누워
완만한 시간대의 예능프로로 지루함을 달랜다

즐거운 전파들,
누워서 토론하는 사람은 없다 누워서 보는 직립들의 춤

공장들은 저마다 고요의 특근을 한다
인간과 본분을 맞바꾼다

모두가 쉬는 요일에 슬쩍 끼어들어 쉰다
드라이기의 전선들 외곽의 공장 지대 같다
화장품은 미끌, 오늘 하루를 잘 놓쳤으면 좋겠다
구두는 현관을 끌고
무한의 연결로 나가고 싶다

누적된 피로
산책의 길은 끊어지고,
늦잠은 늘 눌려 버려진다

엿가락처럼 휘어진 교회
 상승의 설계도가 휘청, 찬송가는 길고 낮게 늘어지고 있다
 절단된 시간의 휴일
 인간은 집 밖을 나가면서부터 피로를 묻혀 온다

 누군가는 사소한 편애를

누군가는 누적된 피로를 거둬들이지 못한다
피로는 늘 집 밖에 있었다

얕은 강

강의 모양은 궁서체다
흐르는 물은 펜흘림체 소리를 내고
물의 수면은 임시다
그러므로
물의 바닥에 쉼 없이 무언가를 쓰고 있다면
슬어놓은 철자법이다

가끔 흐르는 물에 돌을 던지면
틀렸다는 듯 파문 모양으로 일그러진다
그때 물의 마침표는 금방 흩어진다

장마가 지고 나면
필체는 진해지거나 흐려진다
흘러가는 내용으로 하류 어디쯤
오타들이 모래처럼 쌓여 있을 것이다
지느러미가 달린 물의 글자들이
바위 밑에 숨었거나
가끔 낚싯줄에 따라 올라오면

그때 물의 필체는 미끄럽거나 파닥거린다

아무것도 받아 적은 게 없다는 듯
구불거리는 흰 백지 한 장으로
묵묵한 강
꽁꽁 언 물은
가로지르는 길이 되어
잠시 투명으로 쉬는 중이다

새들이 부리로 마침표를 찍으며 간다
펜으로 낙서를 하듯 낚싯줄이
수면 위를 휘돌면
낚싯줄은 곤충의 궤적으로 붕붕거리고
나는 물에 손을 씻으며
새로운 글씨체를 익혀야겠다고 중얼거린다

눈금

눈금만큼 제자리를 지키는 것도 없다
어떤 무게가 얹혀도
눈금에서 꿈쩍도 하지 않는 표식
무게쯤은 바르르 떠는 바늘에게나 준다

달력에 숫자들로 있던 눈금엔
요일의 불행이 얹혔다 간다
날짜들,
굵직한 일들은 눈금 속에서 달을 바꾸고
몇백 년을 흐르지 않고 견디는 돌다리 간격처럼
건널 수 있는 눈금도 있다는 것

빨간 무게가 가득 매달려 있는
늦가을 가지들
자잘한 열매들의 푸른 무게와 붉은
무게의 계측이 끝나면 저절로 떨어지는 눈금이다

저울의 눈금이란 가장 무거운 눈일까

눈금이 눈을 뜰 때가 있다
새 가지가 새 눈금을 만들며 자란다

한여름부터 무게를 재면서 왔다
떨어뜨리는 것도
제 무게를 아는 것들만이 할 수 있는 일

잠시 제자리에 멈추어본다
딛고 있는 눈금을 모르니
나는 지금의 내 무게도 모른다
다만 바르르 떨 뿐이다

난파선

 저 물고기는 닻을 내리지 않았으므로 정박해 있는 배가 아니다 물렛가락처럼 길쭉하고 미끈한 저것은 침몰한 후에 아가미도 생기도 비늘도 생겼지만 오고 가는 물살에 몇십 년 동안 유영할 뿐이다

 저것은 해일의 어류다 자신의 몸에 키가 있다는 사실을 잊고 있지만 언젠가는 시동을 걸고 연안이나 몰려가 죽는 고래들처럼 표류를 꿈꾸는지도 모른다 물살을 타는 것이 아니라 물살이 저 뱃속과 꼬리에서 움직이고 있다

 난파선 안에는 초록의 쓸개처럼 어디선가 아직 따지 않은 포도주 한 병이 나올 수 있고 소금물에 부식된 양철 재떨이가 튀어나올 수 있다 몸에 키운 수백 개의 따개비가 수은 조각처럼 달빛에 빛날 것이다

 무리하게 잔재하는 물고기, 태풍 작살에 키를 바람머리로 후진했다거나 좌현 쪽으로 반원을 그리다 만 흔적을 말한다 고요한 스탠저* 피로감에 잠시 쉴 뿐이지만

휴식에서 깨어나면 분기공에 샹들리에 같은 닻을 세우고 더 큰 바다를 향해 출항할 것이다

  파도에 지느러미를 다는 순간, 저 난파선은 비로소 물고기가 된다

---

*   스탠저(stanza) : 연(聯) 르네상스 무렵 영국에서 들어온 말로 이탈리아어의 원의(原義)는 「머무는 곳(a stop-ping place)」이다.

여기는 마녀 출몰 지역입니다

마녀의 모자를 따라가면
서서히 좁아지는 길
목이 좁아지는 병목을 만난다
병목엔 뾰족한 주문을 깨트려놓고
출몰한 화살표를 타고 날아가는
저녁의 집들이 기다리고 있다

길의 뒤쪽을 켜고 다니는
마녀들의 정체 구간
좁은 지점을 지나
넓어지는 구간에 비가 내린다
내리던 비가 확 트인 시야로 바뀌고
갑자기 좁아지는 주문이
주파수에서 흘러나온다
병 속엔 빗물이 차오르고
수신호들과 경적들이 범람한다

몇 개의 병목을 이렇게 지나다 보면

별들이 가득 갇혀 있는 병 속을
빠져나가고 있는 것 같다

지구의 뚜껑을 누군가는 열어놓고
마녀는 매캐한 연기를 뿜어댄다
홀수가 끼어들고 짝수가 욕설하고
당신은 몇 번째 숫자를 따라오는 거냐며
꽁무니를 빼는 붉은 숫자들

모자만 벗어두고
마녀들은 어디로 사라진 걸까

이 모자는
다른 곳으로 옮겨서는 안 됩니다

창문을 스르륵 올리는 길의 끝이
교차로를 따라 돈다

클립

 숲, 마타리꽃 꼼꼼히 분류되어 있다. 동글동글한 꽃 알갱이들 굴러가지 않도록 서둘러 꽃잎 피우고 있다. 어지럽게 섞여 있는 것 같지만 모두 다른 이름으로 분류되어 있다. 한 포기로 한 그루로 한 군락지로 분류되어 있다.

 한 매듭에서 휘어져 나온 것들은 엉켜 있는 것처럼 보이지만 구부러진 줄기로 저 많은 이파리와 꽃들 끼워놓고 있다. 마치 가늘고 긴 선 하나를 칭칭 감아놓은 것 같은 줄기들, 가만히 보면 떡갈나무 사이 긴 공중을 클립처럼 구부려 놓았다. 그 클립의 부위마다 공중의 낱장이 붙어 있다.

 임시라는 말은 금방 지나가는 것, 하지만 곳곳의 임시들이 여름을 붙잡고 있다. 속이 더운 꽃이 입을 열고 풀어져 나온다. 마른 대궁이나 줄기는 벽이 된다. 꽃도 씨앗도 클립의 수고로운 일이다.

 시끄러운 소리는 나무 사이 공중에 모아놓고, 노을은

늘 서쪽에 모아놓고, 열매 각자의 맛을 모아놓은 잘 정돈된 사무실 같은 숲.

나팔꽃 씨앗을 통에 넣고 흔들어보면 클립 부딪는 소리가 난다.

뼈를 굴리는 나무들

바람의 본성은 뼈를 세게 한다

서쪽에서 건너온 바람은 제 시야를 눈감고
오늘은 뼈를 굴리는 나무의 민무늬로 붙어 있다
꽃피는 뒤뜰과 휘어지는 쪽으로
개심하고 싶은 나무들
딱딱 뼈를 부딪쳐 자기 뼈를 센다

늙을수록 뼈가 휜다는 말은 사람의 것이 아니다
사리가 생길 때쯤 의지대로 뼈를 휘어 보는 배롱나무
어느 노인의 뼈가 이러할까

소리는 셈법엔 뜻이 없고 예불 소리로 늙은 귓속엔
졸음 치는 죽비 소리와
처마 넓은 명부가 들어 있다

계곡에서 빌려 온 도랑물 소리로 서 있는
저 구불구불한 나무

댓돌 고무신 뒤축엔
 몇 번의 서역이 다녀간 듯하다

 아침 마당은 싸리비가 지나간 모양의 옷을 걸치고 있다 시원한 등짝, 소란스럽고 싶은 뼈들은 일제히 굽어져 펴지질 않는다 순전히 바람이 가져다 놓은 참새는 지난 가을 제일 늦게 가지를 떠난 이파리

 오늘 말사(末寺)에 와서 마당의 뼈를 본다
 세상에는 뼈 있는 마당이 있고 그 넓은 뼈를 보려고 사람들은 산문을 연다
 내 몸에는 마당이 없어 뼈를 세기 어렵지만
 저녁의 마당처럼 발자국 여럿 얹혀 있다

 한밤 돌아눕는 것은,
 몸의 반을 나누어 뼈를 세는 일이었을까

 가지런해진 아침, 잠들지 못한 나무들은

여전히 뼈를 굴리고 있다

돌의 말

손은 돌을 던져 말을 한다
튼튼한 어깨를 지나온 말
이것은 사나운 짐승과의 소통
뒤따라오는 말과
돌아보는 말들의 통역

돌을 손에 쥐는 순간
손은 돌의 모서리를 찾는다

그곳은 돌의 입, 한 줌에게 묻는다
무슨 말을 했던 거야
어쩌다 꽉 다문 말이 된 거야
날아가, 저리로 가

날아간 속도만큼 이빨이 돋는
돌의 비행법은 직선이다

돌은 궤적을 그리며

한동안, 어쩌면 평생 침묵에 든다
말할 수 없을 때
돌을 던져 말하라는 말

오욕은 날아다니는 말이다
나는 돌의 말에 맞아 본 적 있다
큰 돌은 무거워 그곳에 두고 맞았고
작은 돌들은 날아다녀서 막을 수가 없었다

돌을 던져 길을 열 때
맞춤한 궤적을 찾을 때
내 몸이 돌탑이거나
돌탑을 쌓는 일이 허다하다
아슬아슬한 오욕
와르르 허물면 아무것도 없다

이제 나는 날 선 돌을 외면하려 한다
돌을 찾는 속도로 도망치려 한다

말을 섞어 돌탑 하나 쌓을 관계란
피 묻은 말 혹은 긴 침묵이라는 것

함부로 던진 말을 뒤지는 풀숲
그새 여린 풀들이 돋아나는 돌의 입

몽유병

잠이 꿈을 앓는다
발바닥에 인근의 흙이 묻어 있는 잠
그것은 잠옷의 산책이며
어떤 개들도 꿈의 병을 깨우지 못한다

잠의 외출
창백해져 가는 꿈의 자취
맨발의 기행

지붕과 놀 거야
한밤의 목격을 침대로,
싸늘한 밤공기를 침대보로 덮을 거야

잉태가 없는 꿈
우리는 태몽(胎夢)에서 태어났으므로
기억하지 못하는 꿈이
평생을 따라다닌다고 너는 변명할 거야

잠과 밤은 밀약
전등 속에서 환하게 놀아도
잠과 생시의 옷이 다르다 해도
괜찮아
바깥에서 다시 돌아와 마주하는 꿈

외출의 날개는
늘 아침 이전에 멈추고
내가 평생을 따라다닌다고 해도
알지 못하는 병은
한밤 목격담으로 앓는 수군거림일 것이다

속수무책의 꼬리

 빗장이 달린 우리의 영혼은 우리다
 우리가 태어날 때 이미 우리는 만들어졌다
 고리에 갇히는 우리의 불안이 길다

 가축의 우리는 네 개의 불안을 갖고 있다 임의의 병이 들락거리는 몸과 치료를 실험하는 날들, 우리에 갇혀 있는 병

 어느 병을 실험하기 위해 짖는 생을 받은
 그들의 생(生)이란, 시선을 거두는 흰자위로 짖는 눈을 가졌으며 속수무책의 꼬리를 가졌다

 상처가 아물기 전에 우리의 문은 또 열리고, 몸은 굳어지는 반응을 먼저 배워야 했다 고리 안의 불안이 고리 밖으로 분양되는 일도 더러 있었다

 구석은 자유다 숨을 수 있는 문이 있고 문고리도 있다
 그러나 누군가 부르면 열어야 하는 구석

다른 종족을 위해
조명은 켜지고 결과를 위해 목숨은 질겨야 했다

나는 주변에서 죽는 이를 본 것보다 병이 죽는 것을 더 많이 보았다 치료의 실험이 이제 사람에게로 몰려가기 시작했다

개들은 병(病)을 보고 짖지 않는다
다만 제 혀로 오래 핥을 뿐이다

커튼

커튼 속엔 바람 수족이 있다

창문을 열면 사나워지는 커튼
저것은 남향이 키우는 뿔
바람이 돌진해 올 때마다
등 뒤로 따돌리는 저 유연한 모면

열린 곳은 지겨울 수 있고
어쩌다 열린 곳은 탐스러워
안과 밖의 변명을 섞을 때가 있다

누가 뿔 달린 두 마리의 밀폐를
창문에 묶어 놓았을까
펄럭거리는 뿔로
고요를 닫고 있을까

열대야의 콧김 같은 면면들을 담고서
휘몰아치는 커튼의 방향 끝엔

긴 머리카락이 있다

입술이 말라붙은 창틀
저녁 바람이 불면
무릎은 구애
구애는 엉거주춤한 무릎

실내는 암흑처럼 어둡고 탐닉은 희다
바람 수족을 달고
하르르 커튼이 부서진다

스트로(straw)는 내 편

 잘 구부러지는 스트로는 배관의 설계로 휘어진 맛을 볼 수가 있다. 어떤 역류가 이처럼 달콤할까. 목을 반쯤 내놓아야 만나는 입술, 작은 스트로로도 컵을 다 비울 수 있다. 스트로를 구부리며 노래를 부르는 가수들, 한 곡을 모두 빨아 마셔야 받는 빈 컵의 박수 세례로 허리를 숙이고 비워지는 불안을 생각한다.

 수다를 가득 따라놓고 스트로를 유희하는 시간, 바닥의 소리까지 모두 마시고 일어서는 붉은 시치미가 묻은 끝엔 어느새 한쪽이 동이 나 있었다.

 허리를 숙이며 수유하는 이들을 본다. 몸은 이렇게 구부릴 때 다정하다. 그러므로 내 편은 언제나 내 쪽으로 반드시 구부려져 있어야 한다. 내 편이란 나의 바깥에 있어야 하고, 반쯤은 꼭 남아 있어야 한다.

4부

보통의 상상(想像)들

타워크레인

이쪽에서 저쪽 상공으로
나뭇가지를 물어 나르는 타워크레인

인부도 없이 수십 마리 타워크레인이
이쪽저쪽 나무 위를 옮겨 다닌다

폭신한 깃털을 예약주문 해놓고
둥근 알 속에는 지금
뼈의 골조 공사가 한창이다
구름의 서자 같은 백로의 둥지는
엉성한 가건축이지만
빈틈이야 아직 날지 못하는 날개로 메우면 된다

날지 못하는 뼈들은 둥글거나 푹신하다

계절이나 바다 저 끝에 집 지어놓고
그 집을 방향으로 정하는 새들의 이동
지금은 둥근 육아 휴직기의 방향에 있다

새들은 바깥의 깃털로 굳어간다
거푸집마다 살들이 차오르고
새들의 외관에 부력이 무성해지면 계절이 바뀔 것이다

추락하는 구름의 서자
자연도태 되는 어린 울음소리들

백로의 건축학개론은
새들로 복층 수를 올리는 공법이다

모든 생물은 자기가 사는 집의
골조를 닮은 뼈를 가지고 있다
그 뼈로 바람보다 더 높이 날아오른다

수컷이 어디선가 재료를 물고 와서
가로 세로를 얽혀놓는 공법을 쓰고 있다
빈 벌판이 생기면

어김없이 타워크레인이 서 있고
날아가지도 못하는 건물들이
부화의 기간도 없이 하나둘 세워진다

별지

얇은 별지 한 장,
어디에 붙일까 고민하는 동안 날짜는 고정되어 가고
주소들은 고딕체가 되어가지

처음에 생기는 감정은 어느 곳에건 붙일 수 있는 감정, 쉽게 뜯어질 수도 쉽게 구겨질 수도 있는 감정

점력(粘力)은 감정의 별지다
그러므로
굳이 본문의 눈을 피해야만 하는 이유가 있다
골라낸 말들로 멋을 낸
꼬리 잘린 연애의 문장들

본문의 글자들을 피해 만들어낸 글자들로 읽을 것, 한 번도 지은 적 없는 표정으로 읽을 것

별도의 감정은 재질부터 다르다
제일 먼저 물드는 잎은 별지이고

가장 늦게 물드는 잎도 별지다
두 장 이상이면 넘기는 침이 묻는다

뒤가 생긴다
뒤가 생긴다는 것은 비밀을 뒤에 둔다는 것이고
눈속임을 두어 장 더 끼워 넣을 수도 있다는 것

별지의 답장은 별지이고
숨어서 가는 한때이다

인형 양초 공장 아가씨

 성탄절을 떠올리거나 촛대를 떠올리는 옷차림의 아가씨가 있었어요. 흔한 일은 아니죠. 해가 기울면 목을 심지처럼 세우고 골목을 지나 양초 공장으로 출근을 했죠. 앞모습은 밝고 뒤태는 흔들거렸죠. 계집아이들은 인형 양초의 틀이 되고 싶어 했죠.

 설레는 심지는 불꽃을 흔들며 타오르죠. 아가씨의 발밑은 늘 주름치마처럼 흘러내린 촛농으로 가득했어요. 갈래갈래 흘린 웃음으로 바닥이 미끄러웠죠. 오빠들은 저녁 무렵이 되면 안달이 났어요. 성냥불처럼 들떴지요.

 정전이 잦은 변두리 동네, 그런 날이면 그녀는 더욱 불꽃을 살랑거렸죠. 원래 소문은 흔들리며 타는 촛불 같겠죠. 우리는 그 소문을 흠모했지요. 뜨거운 체온의 아가씨가 노크하면 자취방 문이 열리고, 남자들은 녹아 사라진다는 빨간 표지를 한 얇은 소문.

 아가씨가 사라질까 봐 안절부절못하는 오빠들. 골목

은 아가씨가 녹인 흔적으로 미끄러웠지요. 가연성 아가씨, 인형 양초처럼 녹아내리고 싶던 아가씨. 말랑말랑한 마음을 굳힌 파라핀 같은 남자가 있었지만, 소문은 너무 발화성이 짙고. 달이 반쯤 녹은 날 순식간에 불에 타고 말았지요. 아가씨가 심지처럼 그 속에서 같이 타고 있었을까요.

흘러내리는 방식으로 아름다웠던 아가씨, 양초는 불빛이 꺼져도 흔적은 남아 있지요. 지금은 마을마저도 흔적만 남았지만요.

일어서는 골목

열대를 떠나 가을의 타국에 도착한 이들은
환율 사이에 종사했다

이곳엔 눈도 내려
데리고 산 외로움은 몇 겹을 껴입어도 추웠다

낯선 이름의 술병에서 낯선 취기를 따른다
세상엔 뜨겁지 않은 술잔도 있다
부어도 넘칠 줄 모른다

숨어 있는 체류
잠시 나간 이름을 부르지만
부르튼 입술만 남아 있다
다다른 안부가 없다

따개비처럼 붙은 이 포장마차는
지금 어느 경계에 잠시 정차해 있는 걸까
두 개의 바퀴를 굴려

국경을 넘어갈 것 같다

고향은 좁은 전기장판의 온도로 떠올라 뒤척이고
불안은 서로 다른 말로 존재했다
불법의 아침과
불법의 잔병을 앓다가
단속반이 들이닥치면
합법의 기계 소리가 멈추는

오늘도 무사히 프레스를 친 목숨을 위해
이들은 일제히
불침번 같은 취기로 건배를 한다

쌍둥이에 관한 420장의 진술서[*]

두 개의 다리와 두 개의 팔에서 두 개의 생각이 얼굴로 자라는 샴

피부는 420장의 사진으로 덮여 있다 남자는 미술관 한쪽에 순장된 시간을 인화했다 눈으로만 더듬어 보는 몸은 몇 회의 생각을 키웠을까 결코 저장되기 힘든 그들은 늘 부딪쳤다 남자는 서로의 몸을 끌어모아 한 곳에 세웠지만, 시선만은 묶어둘 수 없었다 고정할 수 없는 생각들

서로 부르고 대답하는 얼굴을 함께 껴안았다는 것, 허공으로 뻗은 두 개의 가지는 식물이어서 흔들리는 시차가 있다 심장을 두 개로 쪼갤 순 없다

몸은 무엇을 고백하려는 걸까 비상하지 못한 날개를 접고 한 몸의 무게로 버티고 있는 쌍둥이, 밝은 조명을 뒤집어쓴 침묵 속에 자신의 내력과 무관한 허물을 뒤집어쓴 그를 420장의 진술서로도 읽어낼 수 없었다

* 쌍둥이에 관한 420장의 진술서 : 권오상 작품으로 사진을 이어붙인 조각상의 작품명.

환상벌레

플라타너스 잎에 벌레 구멍이 생겼다
이때부터 이파리에는 작고 투명한
관통의 벌레가 산다

잎은 구멍 난 바람을 먹고 산다
더는 기어 다니지도 않고 촉수도 없이
투명한 알을 낳기도 하는 벌레

가끔 몸을 옮겨 다니는 통증이 있다면
발이 몇 개인지 살펴볼 일이다
몇 해의 변태기를 거치는지 알아볼 일이다

잠깐의 결집을 위해
평생 몸을 옮겨 다니는 통증 벌레
가끔 심장에서 내 숨을 덜어 먹기도 하고
어느 때는 간지러운 부위로 기어다녔다

세상에는 벌레보다 빈례 구멍이 더 많았다

그 구멍에 벌레가 사는 일도 드물다
어느 날, 불시에 발견되는 벌레가 있고
그 몸집만한 분실이 반드시 숨어 있었다

기억하고 싶지 않은 기억들,
불시에 찾아와
몸을 부르르 떨게 만드는
날벌레의 날갯짓이 있다

점점 깊은 침묵으로 숨어들어서
들어온 흔적도 없이 사는 벌레
벌레의 몸에 참 많은 것을 맡겨놓고 살았다

뜬금없이 통증이 생길 때 더듬어 보는 가려운 기억은
제자리가 없어 이리저리 옮겨 다닌다
흔적으로 살아있는 벌레가 많다

예를 들어,

　예를 들어, 라는 말을 좋아한다.

　그것은 마치 예를 들어, 에 들어갈 수 있지 않을까 하는 생각 때문.
　어떤 불행에서도
　예를 들어, 그곳으로 피할 수 있다.

　나는 햇살 아래 긴 머리카락 뒤로 쓸어 넘기면 지나온 곳으로 빠져나가는 머리카락의 방향에 서 있다.

　셀 수 없을 만큼 사과가 열렸던 여름
　리본처럼 낡아간다.

　4년 있으면 서른이 되고
　다시 봄으로
　폭죽은 터지고
　사랑하는 애인에게는 밝은 표정을

'예'로 들어가 살고
그곳에서 나 쉬고 싶다.

'예'는 언제나 열려 있는 창,
들어갈 수 있는 방향의 전환
밖으로 잠깐만, 하면서
잠시 생각으로 들어가는 열린 창고.

예를 들어, 란
얼마나 편안한 관(棺)일까.

 그러므로 나 그곳에 여태의 불안을 버리고 예 들어 살고 싶다.

 가능하면 예를 들어,

숨은 깃털들

옷장을 들어내자
곳곳에 깃털들이 돋아나 있었다

깃털은 숨은 곳의 날개,
가벼운 틈으로 틈틈이 뭉쳐지고
다시 틈의 깃털이 된다

집에는 숨어 있는 깃털이 참 많다
모두 언제 날아가 버릴지 모른다

부력은 어디 있었을까
문짝이 열리고 닫히는 건
깃털 역할이 아니었을까

수백 번 여닫는 날갯짓 뒤로
뭉쳐지는 것들

창을 통해 한낮의 햇살이 착륙하고

공중은 가볍게 섞여 날던 것들을
층층이 내리꽂는다

옷장 하나를 날아오르게 하는
깃털만 남은 오후,

날고 싶은 깃털의 무게와
숨은 깃털의 무게는 얼마나 될까
온몸을 직조하듯
가벼운 것들만 모아놓은
저 한 뭉치, 저 공중의 기생을
나는 한 번도 재어 본 적이 없다

목장갑을 끼고 안방 문을 열어젖히면
몇 개의 깃털이 날아다니고
깃털을 모두 털어낸 옷장은
여럿이 들어야만 옮길 수 있었다

꽃샘추위 목도리

이른 꽃들은 이른 추위를
목도리처럼 두르고 있다
약간의 물기로 키를 늘려가는
건조한 사막의 주민 같은 봄꽃들
겨울 동안 가장 먼저 녹아 도착한
우물을 퍼 올려 꽃을 피운다
꽃받침 같은 목도리를 두르고
별의 풍속으로 기침을 하는 여자들
세상의 목도리에는 보풀 같은 추위가 묻어 있었다

느슨한 매듭으로 묶인 쌀쌀한 외출
목이 짧은 식물들이
마른침을 넘기듯 핀다

꽃샘추위를 목에 두르고 외출에서 돌아온 날
몇 개의 모래 구릉이 탁탁 털리거나
한쪽에 둘둘 말려 구겨져 있다
스르륵 목도리가 풀리듯, 꽃이 지는 일도

열대성과 한대성이 서로 몸을 나누고 있는 일도
긴 직조의 날씨를 목에 두르고
합성섬유의 열기로 강의하던 날들이 있었다

목을 내놓고 보낼 수 있는 봄이 많지 않지만
가늘고 파란 핏대를 세우고 있는
봄꽃들의 목

올봄, 추운 말들을 삼키고 싶지 않아요
따끔거리는 가시 두른 날씨를
따끔거리는 침으로 키우고 싶지 않아요
몇 겹의 추위를 목에 두르고
서쪽 바람으로는 숨 쉬고 싶지 않아요

하오 쪽으로

가을에 말라죽은 풀들을 보면 다 하오 쪽으로 기울어져 있다. 우후죽순의 고개를 관리하는 하오, 고개를 갸웃거릴 때마다 와글와글 떨어지는 열매들을 방치하는 풀숲의 창고.

과일을 따서 보관하는 창고는 마을을 바라보고 있다.

노란 승합차들이 하나둘 지나간다. 아이들은 아침의 방향에서 칭얼거리고 하오의 방향에서 웃는다. 팔 벌린 아이들이 동요처럼 쏟아져 나오는 하오, 미루다 쳐다보는 서쪽은 불빛들이 걸어 나올 것 같은 하오의 끝. 더 먼 하오 쪽으로 시간은 달려간다.

서쪽의 봉합, 모든 동쪽이 몰려가는 서쪽

반나절 번식된 것들이 옮겨가는 걸음, 몸뚱이를 그러데이션으로 물들이고 꼬리를 검은 우단에 총총 박기도 하는, 무성한 소리가 제자리를 찾는다.

저음은 여섯 번째 현이 질겨지는 방향, 모든 열매는 하오 쪽에서 여물어간다. 가장 잘 익은 쪽이 가장 두드려 깨기 좋은 방향, 하오 쪽을 돌멩이로 두드려 깨면 붉은 노을이 확 쏟아진다.

 동쪽에서 핀 꽃들이
 서쪽에서 흩날린다.

곳곳의 기상대

뒤집힌 우산을 쓴 태풍의 입자가 몰려온다

뭉쳐지는 바람인지 소멸하는 바람인지를 금세 알아차리는 기상대, 먼바다에서 귀향하기 전인 배들은 해안가의 마르거나 축축해진 풀꽃들로 길을 살핀다

긴 행렬로 개미들은 날씨를 보여주고 물고기는 지느러미로 폭우를 읽게 한다 호흡이 빨라진 개구리울음이 퍼져나갈 때 낮은 고도로 기어를 바꾸는 제비들, 움츠린 솔방울의 몸 상태가 그날의 기후 단서가 된다

눈에 보이는 곳곳이 기상대다

늦여름 오후 세 시, 수천 킬로미터 밖의 물맛을 본다 미리 나부낄 바람을 정해 놓고 날씨의 샘플을 수집하는 기상대, 위성의 눈빛이 구름에 붙어 있다

아열대 옷차림과 간절기의 옷차림이 교차한다 북상하

는 물들, 기상캐스터의 블라우스엔 물방울이 수런거리고, 누구든 갑자기 불어나는 강수량을 조심해야 한다

  비구름이 할머니의 관절로 들어간다 마르다 젖는 오후가 치마의 주름으로 걸려 있다

엉망진창을 보았다

 두 갈래의 바퀴 자국을 보면 온순하게 따라 들어간 것 같지만 사투를 벌인 흔적이 있죠 그것은 지독한 내연이었거나 어쩌면 삼재의 흔적

 진창을 타진했던 물체, 마치 진창은 포악한 짐승과도 같죠 다 잡았던 먹이를 아슬아슬 놓쳐버린 저 물웅덩이

 온순하게 끌려 들어갔던 자국을 따라 나온 안도의 발진 그 후진에 그 흔적에 맑은 물이 고여 있어요 그 진정을 보세요 엉망진창의 흔적들은 온통 힘이에요 물고 늘어지지 않으려는 마치 연체동물과도 같죠

 그곳을 빠져나온 자동차는 튼튼한 네 바퀴와 강력한 배기음을 갖고 있어요 흐물흐물한 아가리는 금속의 뼈 있는 물체를 삼키려는 자국과 탐식의 흔적이 가라앉은, 힘과 힘이 어울렸던 마치 탐닉의 뒤끝 같기도 한

 나는 오늘 엉망진창을 보았어요

텐트는 어디 있나요

 텐트가 사라졌어요. 다용도실이나 어느 구석에 박혀 있을 행복을 찾아 다시 펼치고 싶지만, 복잡한 설치 방법이 있죠. 위험천만한 로망이에요. 등도 달고 코펠과 버너와 실루엣도 챙겨야 하는 나는 회복이 힘든걸요.

 텐트가 없어 추워요. 오들오들 떨고 있어요. 야외에선 어느 쪽이 문이어도 좋아요. 둥글게 등을 말아 가족을 품어요. 나무에 휘장만 두르면 텐트가 되나요. 날아갈 기세라 불안해요. 삼각 모닥불을 피워요.

 안주(安住)를 따돌리는 저 임시의 장막들 좀 보세요. 삼천 년의 역사를 고스란히 답습하려는 습관들마다 짐들이 꾸려져 있네요.

 비가 새지 않는 텐트가 필요해요. 비웃음 따위에도 적절히 견딜 만한 텐트를 찾지만, 부는 바람에 내 눈썰미를 나는 여전히 믿지 못하겠는걸요.

부흥하는 회전문

분쇄기가 돌아가듯
돌고 있는 회전문 속으로
빨려 들어갔다 튕기듯 돌아 나오는 사람들

투명 십자가를 중심으로
원통형의 길목을 평생 돌고 도는
저곳을 부흥이라 불러도 될까
종사(從事)라 불러도 될까

보폭을 맞춰야 하는 법칙을 무시한 사람들은 일찌감치 문에서 밀려났고

처음엔 천국이었다가 천국의 입구였다가
결국엔 지옥이라고 알아차리는 사람들
아침만을 골라 빼앗아가는 전지전능한 출구

벌어진 와이셔츠 맨살 드러낸 다리 펄럭이는 치맛자락 모여드는 곳 뒤집힌 스타킹 총총걸음으로 출근이 모여드

는 곳, 평생 바람 막아주는 문* 가끔은 불투명한 입술이 붉게 매달려 있거나 허둥지둥 꼬인 것들이 스르르 풀어지고 있죠

  찬양과 반복되는 말씀을 듣는 말단 의자들
  부흥을 갈망하고 있어요
  오늘도 허탕인가요
  힘없는 회전을 기다리는 저녁
  하루라도 회전하는 입으로 폭식하지 않으면
  못 견디는 회전문이 있죠

  한 권으로 묶인 유구한 종속
  폭음의 강을 건너려고 도시의 홍해로 줄을 잇고
  별과 폭음의 구약 속으로, 저녁의 자유 속으로
  줄줄이 퇴근하는 행렬
  신성한 휴식으로 잠기는 부흥하는 회전문

---

*   회전문 : 1888년 미국 벤 카넬이 발명한 문의 이름.

| 해설 |

사물을 포옹하는 자의 시

이성혁(문학평론가)

1.

 '사물의 시인'이라는 호칭이 어울리는 시인들이 있다. 이 시인들은 세상의 사물들을 집요하게 투시하여 시적 이미지를 그 사물로부터 길어 올리고, 그럼으로써 사물이 자신을 표현하고 있는 바를 시화(詩化)하는 시인들이다. 세상은 사물들로 이루어져 있다고 볼 때 '사물의 시인'은 세상의 모든 물체에 주목하여 시화하고자 하는 시인이라고 하겠다. 안은숙 시인의 첫 시집 『지나간 월요일쯤의 날씨입니다』는 안 시인 역시 '사물의 시인'에 속한다는 것을 보여준다. 시인의 말에 의해 이 시집에 등장하는 사물들의 생명은 새로이 활성화되고, 하여 그 사물들은 단순한 객체가 아니라 주체가 된다. 이런 면에서 안 시인의 사물을 대하는 자세는 마치 애니미즘 주술사의 계보를 잇는 듯하다. 그녀에게 그녀 주위에 있는 사물들은 그녀와 함께 살아가는 동반자이며, 그 사물들의 영혼은 마치 주술과 같은 그녀의 시에 의해 가시화된다. 가령 「옷을 타고 날다」를 읽어보자.

>옷에 다른 사람의 손이 닿을 때
>옷은 날아간다
>꽁지를 까닥거리다 연기가 된다
>
>옷은 끊임없이 시중을 원한다
>그래서 치맛자락이 길거나 자잘한 무늬로 틈을 보인다
>나는 벗겨주는 시중보다
>입혀주는 시중이 더 좋았다
>
>옷들은 저마다 기념일을 갖고 있었다
>아주 작은 옷에서 내가 나왔다
>그곳을 빠져나왔다고 할까
>그 옷을 벗었다고 할까
>점점 작아진 옷은 커버린 나를 잡고 칭얼거렸다
>
>옷장을 열어놓으면
>옷들은 자꾸 날아가려 한다

− 「옷을 타고 날다」 전반부

  위의 시에서 "옷은 끊임없이 시중을 원"하고 "커버린 나를 잡고 칭얼거"리며 "자꾸 날아가려" 한다. 옷은 '나'를 치장하기 위한 한갓 도구가 아니다. 아니 마치 옷을 위해 '나'가 존재하는 것 같기까지 하다. 자신의 욕망을 가지고 삶을 살아가는 '옷'은, '나'와 함께 한 많은 기억을 품고 있는 하나의 주체다. 물론 이 활유법은 시인의 지나간 기억들을 사물을 매개로 떠올리기 위한 수사법으로 볼 수 있지만, 단순히 수사법으로만 치부할 수는 없다. '사물의 시인'은 샤먼처럼 사물에 내재한 영혼을 믿는 사람이다. 안은숙 시인도 사물에 대한 투시와 시적 사유를 통해 '옷'이 가지고 있는 마력을 감지하고 그 영혼을 인지할 수 있었기 때문에 저 '옷'의 주체적인 욕망과 삶을 형상화할 수 있었던 것이다. 그런데 이 주체로서의 옷은 시인의 관찰 대상으로만 존재하지는 않는다. 저 옷은 그 옷을 입었던 시인과 밀착되어 살아왔던 것이다. 주체성은 언제나 관계 속에서 형성되는 것이다. 인간의 주체성이 관계 속에서 형성되는 것과 마찬가지로 말이다. 그래서 '나'의 주체성에는 '나'가 관계 맺은 타자의 삶이 스며들게 되듯이, 위의 시의 옷 역시 그 옷과 관계 맺은 타자인 시인의 기억과 욕망이 스며들어 있다.

무수한 옷들을 갈아입고 날았던 기억엔
보풀이 많거나 실밥이 풀어져 있다
꽃밭을 묻혀 온 것들은
한 번쯤 날았던 옷들의 징후

예쁜 옷은 꼭 넘어지고
아이는 점점 미워진다
그것은 최초의 비행 흔적 같은 것
넘어졌던 곳을 끊임없이 돌고 있다는 생각이 든다
그때마다 그곳은
날기를 실패했던 곳이란 생각이 든다

날기 좋은 의지가 가격표처럼 붙어 있다
구겨진 옷들을 보면
끊임없이 날아오르려 한다는 것
누군가 옷을 입혀줄 때
날아오르거나 날아가기 가장 좋을 때라는 것
불을 타고 날아가는 옷들처럼

　　　　　　　　　　　-「옷을 타고 날다」 후반부

 옷을 응시하고 있는 시인은 그녀의 어린 시절, 그 옷을 입고 꽃밭에서 놀면서 즐겁게 "날았던 기억"이 그 '예쁜 옷'으로부터 풀려나오는 것을 감시한다. 그러나 옷은 그 비행이 실패했다는 것을 드러내기도 한다. 구겨진 옷이 그렇다. 그 구겨진 옷의 모습은 "넘어졌던 곳을 끊임없이 돌고 있다는 생각"을 떠올리게 하는 것이다. 하지만 그 구겨짐은 "끊임없이 날아오르려" 했던 (시인의) '의지'를 옷의 '가격표'처럼 보여주기도 한다. 이를 볼 때 안은숙 시인에게 자신과 함께 살아온 사물의 주체적인 삶-기억과 욕망을 가진-을 발견하는 일은 한편으로 자신의 잃어버린 기억과 욕망을 되비쳐보는 일과 통한다. 타인을 통해서 자신을 볼 수 있듯이 말이다. 그렇다고 사물들의 주체성이 시인의 기억이나 욕망을 투사해서 나타난 것이라는 말은 아니다. 시인이 관계 맺어온 사물들 덕분으로 시인의 기억들과 욕망이 재활성화되는 것이라고 말하는 것이 옳겠다.

하여, 시인은 자신과 관계 맺어온 사물들의 영혼을 발견하고 시화함으로써 자신의 삶을 재인식하고 새로이 살아나갈 수 있다. 그래서 시집의 서두에 실린 「배심원」에서의 화자가 "낯익은 사람들이 싫어지는 나이"인 마흔이 되어 '지독한 권태'로부터 벗어나기 위해 "보라색 속옷을 사들"이고 "이탈리안 레스토랑에서 스파게티를 먹"는 것은 단순한 기분 전환의 의미만을 가지지는 않는다. 사물과의 새로운 관계를 맺고자 하는 그 행위는, 세상의 편견이 마흔 여성에게 가하는 여러 판결들을 거부하고 새로운 삶을 살고자 하는 의지를 보여주는 것이라고 할 수 있다. 그러한 삶은 사물들과 권태롭게 관계 맺는 것이 아니라 낯선 관계를 맺을 때 이루어진다. 사물을 도구나 객체로서 인식하는 것이 아니라 낯설게 인지할 때, 즉 시적으로 인지할 때 그 사물은 점차 자신의 영혼을 드러내고 말을 하기 시작할 것이다.

2.

사물의 영혼을 발견하기 위해서는 사물이 전달하는 말을 들을 수 있거나 글을 읽을 수 있어야 한다. 안은숙 시인이 어떤 공원 안의 호수를 책으로 보고자 하는 것은 이 때문이다. 아래의 시에서 시인은 호수 수면에 일어나는 이미지들의 변화를 그 호수가 전달하고 있는 문자로서 읽어내고 있다.

> 중앙공원에 펼쳐진
> 파문이 정렬되는 한 권의 물 가득한 책
>
> 공원 인부들이 탁한 책의 내용을 갈고 있다
>
> 물때처럼 일어나는 누런 낱장들
> 던져진 조약돌 하나가 글자로 식자되고 있다

중간쯤 펼쳐진 페이지엔
구름이 접혔다 흘러간다
제목으로 노간주나무 하나 세워두고
책의 내용들이 주름으로 획획 넘어간다
내용 사이로 가끔 비행기가 지나갔고
그럴 때면 밑줄을 긋거나
문장의 여백에 투명을 접어놓는다
행간에 몇 마리 새는 보이지 않는다

계절에 따라 적절하게 내용을 수정하는 책
모두 한때 책의 내용이었다는 듯 앉았다 간다

책의 내용을 알려면 나무를 흔들어야 한다
빠져서 발을 적셔야 아는 문장이다
―「물의 식자공」 전반부

공원 인부들의 호수 청소를 시인은 "책의 내용을 갈고 있"는 것으로 본다. 시인에 따르면 호수는 책이다.(위의 시와 유사한 발상으로 씌어진 「얕은 강」에서는 강의 흐름이 '펜흘림체' 글씨를 쓰는 주체로 나타난다. 강물 자체는 그 글씨가 씌어지는 종이다.) 인부들이 갈아 넣고 있는 조약돌 하나는 식자다. 조약돌 위 수면에 펼쳐지는 풍경은 책의 내용이다. 책의 제목은 '노간주나무'의 영상이다. 잔잔한 파문은 수면 위에 내려앉은 구름을 접히고 펼친다. 페이지 넘어가듯 "책의 내용들이 주름으로 휙휙 넘어"가고, 호수 수면을 가로지르는 비행기의 영상은 그 내용 사이에 밑줄을 긋는다. 세계의 풍경을 담고 있는 이 책은 "계절에 따라 적절하게 내용을 수정하는"데, 그럼으로써 춘하추동의 모든 것들이 "한때 책의 내용이" 될 수 있었다. 위의 시를 볼 때, 하나의 사물에 담겨 있는 모든 것들을 투시하고자 하는 것이 안은숙 시인의 시작(詩作) 이념(idea) 아닐까 추측된다. 사물을 투시하고 그 사물이 품고 있는 것들을 문자로 인식하여 읽어내는 일. 이러한 작업을 그녀는 자신의 시작의 핵심으로 여기는 것 같다.

그런데 책의 내용을 아는 작업이란 그렇게 쉽지 않다. 시에 따르면 "나무를 흔들"고 물에 "빠져서 발을 적셔야" 문자들이 결합하여 이루어진 문장을 알 수 있는 것이다. 호수의 문장들은 보기만 해서 그 의미를 알 수 없고 직접 몸으로 접촉해야 읽어낼 수 있다는 것. 즉 사물을 시선의 대상으로서 여기는 것이 아니라 몸을 섞는 대상으로 여겨 적극적으로 관계를 맺어야 그 책의 내용을 알 수 있다는 것이다. 그것은 사물과 시인이 깊이 관계 맺음으로써, 그 사물의 감추어졌던 이미지들이 시인의 내면과 조응하면서 자신을 드러낸다는 것을 의미한다. 여기서도 '호수-책'이라는 사물은 시인의 내면과 관계 맺으면서 영혼을 되살리며 대상이 아닌 주체로서 존재하게 된다고 할 수 있겠는데, 이와 동시에 시인과 뒤섞이면서 나타나는 '호수-책'의 문장들은 시인의 숨겨져 있던 내면 역시 드러내고 있다고도 하겠다.

「돌의 말」을 읽어보자. 이 시에서 사물-돌-은 시인의 좀 더 깊은 마음-상처와 연관된-을 표현한다. 시의 전반부를 보면, 시인은 "돌을 손에 쥐"고 '돌의 입'인 "돌의 모서리를 찾는"다. 이 행위는 몸을 통한 사물과의 내밀한 접촉을 통해 '돌-사물'의 말을 이해하기 위한 적극적인 관계 맺음이다. 그런데 역시 그 '돌의 말'을 듣기란 쉽지 않다. 돌은 '모서리-입'을 꽉 다물고 있기 때문이다. 안은숙 시인에게 사물의 이미지는 그녀의 내면과 조응하여 현현하는 것이라고 할 때, 이 입을 꽉 다문 돌의 이미지 역시 시인의 내면과 관련되어 있을 것이다. 시의 화자는 입을 꽉 다물고 있는 돌에게 "날아가, 저리로 가"라고 말한다. 그리고는 시의 후반부에서 다음과 같이 진술한다.

> 돌은 궤적을 그리며
> 한동안, 어쩌면 평생 침묵에 든다
> 말할 수 없을 때
> 돌을 던져 말하라는 말
>
> 오욕은 날아다니는 말이다
> 나는 돌의 말에 맞아 본 적 있다

큰 돌은 무거워 그곳에 두고 맞았고
작은 돌들은 날아다녀서 막을 수가 없었다

돌을 던져 길을 열 때
맞춤한 궤적을 찾을 때
내 몸이 돌탑이거나
돌탑을 쌓는 일이 허다하다
아슬아슬한 오욕
와르르 허물면 아무것도 없다

이제 나는 날 선 돌을 외면하려 한다
돌을 찾는 속도로 도망치려 한다
말을 섞어 돌탑 하나 쌓을 관계란
피 묻은 말 혹은 긴 침묵이라는 것

함부로 던진 말을 뒤지는 풀숲
그새 여린 풀들이 돋아나는 돌의 입

－「돌의 말」 후반부

입을 꽉 다문 돌은 "말할 수 없"는 말, "평생 침묵에 든" 말을 품고 있다. 위의 시의 1연 첫 행인 "손은 돌을 던져 말을 한다"라는 문장을 볼 때, 이 "돌을 던져 말하라는 말"을 하는 것은 손이다. 말하라고 손에 의해 던져진 돌이

"날아다니는 말"일 터. 이 '말'은 오욕을 품고 있는 말이다. 누구나 '돌의 말'에 맞아본 적이 있을 것이다. 시인도 "돌의 말에 맞아 본 적"이 있다고 하는 것을 보면, 어떤 말을 들은 기억과 시인의 마음속 응어리진 기억. 하여, 입을 다문 돌의 이미지는 그 응어리진 마음의 침묵을 표현한다.

  시인은 "돌을 던져 길을 열"면서 "돌탑을 쌓"아 왔다. 다시 말하면 시인은 침묵하는 마음속 무엇인가의 말을 듣기 위하여, 돌의 입을 열기 위하여 돌을 던지며 삶의 길을 열어 왔으며, 그렇게 던진 돌이 그녀의 몸속에 탑이 되어 쌓였다는 것이다. 이는 시인이 자신의 내면으로 깊이 숨어 들어가기만 하려는 상처-기억-와 대결하면서, 이 상처가 스스로 말하게 하여 그것으로부터 치유 받고자 노력하며 살아왔음을 말해준다. 하지만 시인에게 돌아오는 것은 "피 묻은 말 혹은 긴 침묵". 오욕의 기억은 입을 아예 다물거나 혹여 말을 했을 때는 그 말은 시인의 상처를 더욱 깊게 했던 것이리라. 그래서 시인은 '이제' "날 선 돌을 외면하"고 도망치려 한다. 그러나 반전이 나타난다. 시인이 던졌던 돌들이 널려 있을 풀숲-마음의 숲이라고도 하겠다-의 어떤 '돌의 입'에서 "여린 풀들이 돋아나"기 시작하는 것이다. 돌을 던지며 길을 열어 온 삶의 결실이 드디어 나타난 것. 입을 꽉 다물고 딱딱하게 굳어 있던 돌들로부터 부드러운 풀잎이 돋아나고, 돌이 이 풀을 입으로 삼아 말하기 시작한 것이다. 그리고 시인은 상처를 품고 있을 그 말을 옮겨 시를 쓰기 시작할 것이다.

이렇게 읽었을 때 「돌의 말」은 돌이라는 사물로부터 길어 올린 이미지를 통해 자신의 상처를 인식하고, 이에 시를 쓰기 시작하기까지의 과정을 보여준다고 하겠다. 그것은 마음속 깊이 숨어 있는 상처와 대결함으로써, 결국 그 딱딱한 돌 같은 상처의 기억이 자신으로부터 돋아난 풀의 입으로 말할 수 있게 되는 과정이다. 시인이 이러한 과정을 걸어왔음을 깨닫게 된 것은 돌과의 깊은 관계 맺음에 따라 돌이 하는 말을 들을 수 있게 되었기 때문에 가능할 수 있었을 것이다.

3.

앞에서 말했듯이 안은숙 시인은 사물에 대한 깊은 관찰과 접촉을 통해 그 사물의 말을 듣고 사물이 표현하고 있는 이미지를 읽는다. 시인이 긴밀한 관계를 맺은 그 사물의 이미지는 시인의 숨겨진 기억과 욕망 등을 비추어준다. 그런데 그녀가 읽어낸 사물의 이미지를 통해 현실을 비판하는 시도 있어서 주목된다. 시집의 마지막에 실린 「부흥하는 회전문」이 특히 흥미롭다. 회전문을 중심으로 빨려 들어가듯이 들어가는 사람들과 튕겨 나오듯이 나오는 사람들. 회전문 안은 현대 자본주의의 축도다. 회전문 안은 사람들이 출근하고 퇴근하는 직장이 있는 곳이다. 그 안으로 들어가는 사람들은 처음엔 회전문을 천국의 문으로 알았다가 지옥의 문임을 알아차린다. 사람들은 애써 취직이 되어 기쁜 마음으로 회전문 안으로 빨려 들어가듯이 들어가지만, 그곳에서 자신의 삶은 분쇄된다는 것을 알게 되고 결국은 튕겨 나오듯이 내쫓겨 나온다. 시인이 회전문의 회전을 "분쇄기가 돌아가듯"이라고 표현하는 것은 그 때문이다. 하지만 회전문 안의 세계는 한편으로 사람들이 "부흥을 갈망"하는 종교적 희망을 '폭음'하면서 유지되기도 하는 곳, 자본주의와 종교, 그리고 '음주'가 결합된 곳이기도 하다.

「부흥하는 회전문」은 현대 사회에 대한 신랄한 우화적 비판이라면, 「즐거운 전파」는 현대사회에 대한 풍자적 비판이다. 이 시에 따르면 "품위 없는 일들이 너저분하게 널려 있는 일요일"이야말로 "가장 극심한 노동"에 시달리는 날이다. "턱을 괴고 있거나 침대에 누워/완만한 시간대의 예능프로로 지루함을 달래"는 휴일은 "인간의 편이 아니"다. 이는 지루함을 달래며 텔레비전 예능프로를 보는 일은 인간으로서의 삶을 포기하는 것과 같으며, 또한 유흥 산업의 이윤을 위해 동원되는 노동과 같다는 비판이겠다. 역설적으로 "인간과 본분을 맞바꾸는 것은 "저마다 고요의 특근을" 하는 공장들이다. 이 시에서도 사물은 주체로서 존재한다. "현관을 끌고/무한의 연결로 나가고 싶"은 구두도 이를 보여준다. 안은숙 시인은 현대사회를 비판하면서 인간의 사물화를 보여주지는 않는다. 도리어 사물들의 인간화로부터 현대사회에서의 대안적 삶을 찾는 듯하다. 아래의 시 「난파선」은 현재 사물-또는 인간-이 처해 있는 상황을 암시하면서 또한 사물-또는 인간-의 갱생에 대한 희망을 담고 있다.

 저 물고기는 닻을 내리지 않았으므로 정박해 있는 배가 아니다 물렛가락처럼 길쭉하고 미끈한 저것은 침몰한 후에 아가미도 생기도 비늘도 생겼지만 오고 가는 물살에 몇십 년 동안 유영할 뿐이다

 저것은 해일의 어류다 자신의 몸에 키가 있다는 사실을 잊고 있지만 언젠가는 시동을 걸고 연안이나 몰려가 죽는 고래들처럼 표류를 꿈꾸는지도 모른다 물살을 타는 것이 아니라 물살이 저 뱃속과 꼬리에서 움직이고 있다

 난파선 안에는 초록의 쓸개처럼 어디선가 아직 따지 않은 포도주 한 병이 나올 수 있고 소금물에 부식된 양철 재떨이가 튀어나올 수 있다 몸에 키운 수백 개의 따개비가 수은 조각처럼 달빛에 빛날 것이다

 무리하게 잔재하는 물고기, 태풍 작살에 기를 바람머리로

후진했다거나 좌현 쪽으로 반원을 그리다 만 흔적을 말한
다 고요한 스탠저 피로감에 잠시 쉴 뿐이지만 휴식에서 깨
어나면 분기공에 샹들리에 같은 닻을 세우고 더 큰 바다를
향해 출항할 것이다

 파도에 지느러미를 다는 순간, 저 난파선은 비로소 물고
기가 된다
-「난파선」 전문

시인은 난파선을 물고기에 비유하고 있다. 그 배는 "침
몰한 후에 아가미도 생기고 비늘도 생"기면서 물고기로 변
신한다.(또는 "길쭉하고 미끈한" 물고기를 난파선으로 비유하고
있다고 말할 수도 있겠다.) 하지만 아직 완전한 물고기가 된
건 아니다. 저 난파선은 "자신의 몸에 키가 있다는 사실
을 잊고" "물살에 몇십 년 동안 유영할 뿐" 아직 자신의 의
지로 바다로 나아가지 못하고 있기 때문이다. 즉 난파선은
주체성을 잃고 만 존재다. 그러나 "언젠가는 시동을 걸고"
"고래들처럼 표류를" 꿈꾸고 있다. 그렇기에 시인은 "물살
을 타는 것이 아니라 물살이 저 뱃속과 꼬리에서 움직이
고 있다"고 말하는 것이리라. 난파선이 헤엄치고 나아가는
바다는 난파선의 내면-꿈속-에 존재하기 때문이다. 한편
난파선의 내면에는 여러 버려진 것들이 존재한다. "포도주
한 병"이나 "부식된 양철 재떨이", 또는 "수백 개의 따개비"

등 말이다. 이것들은 난파선이 품고 있는 지난날의 흔적들, 기억들이라고 할 수 있다.

저 침몰하여 버려진 사물을 상징하는 난파선에서 인간의 현 상황을 볼 수 있지 않을까?(또는 시인 자신의 상황을 암시받을 수도 있다.) 사물이 시인의 삶을 비추어 주었듯이, 저 난파선은 인간의 과거와 현재를 비추어 주고 있다고 생각할 수 있다. 이에 따르면 현재의 인간은 침몰한 난파선과 같은 존재다. 키를 잃고 어디로 갈지 모르는 인간. 태풍에 휩쓸려 침몰한 흔적-상처-을 몸에 새기고 온갖 기억을 내면에 안고 버려진 인간. 그러나 "닻을 세우고 더 큰 바다를 향해 출항"하여 비로소 주체적으로 바다를 헤엄쳐 나갈 물고기가 되리라는 꿈과 희망을 가진 인간. 이렇게 읽어본다면, 시인은 난파선이라는 사물로부터 인간의 현재-파괴된 현재-를 인식하는 동시에 희망을 찾고 있다고 하겠다. 그 희망은 저 난파선의 꿈꾸는 능력을 바탕으로 한다.

그래서 「몽유병」에서 "잠의 외출"이자 "잠옷의 산책"인 '몽유병'이 긍정된다. 몽유병은 잠 속에 꿈이 갇혀 있는 것이 아니라 꿈이 잠을 이끌어 외출시킨다. 그래서 "잠이 꿈을 앓는다"고 시인은 말한다. 비록 기억하지는 못하지만, 꿈을 현실에서 살아내는 것이 몽유병이다. 꿈은 그 꿈에 이끌려 "맨발의 기행"을 하는 꿈꾸는 사람 바깥에 있다. 그래서 꿈은 "바깥에서 다시 돌아와 마주"할 수 있게 된다. 꿈을 현실에서 마주하고 있는 몽유병자는 '시인'과 같은 사람 아닐까? '시인'은 꿈꾸는 자, 꿈에 이끌려 현실을 살아가는 사람이기에. 그렇다면 난파된 인간으로서 '시인'은 바다에서 자유로이 헤엄치는 물고기가 되고자 하는 꿈을 현실에 표현하는 사람이라고도 할 수 있을 것이다. 그러나 안은숙 시인에게는 이러한 꿈의 자유로운 유영을 방해하는 것이 있다면 그것은 기억이라는 벌레일 것이다.

> 기억하고 싶지 않은 기억들,
> 불시에 찾아와
> 몸을 부르르 떨게 만드는
> 날벌레의 날갯짓이 있다
>
> 점점 깊은 침묵으로 숨어들어서
> 들어온 흔적도 없이 사는 벌레
> 벌레의 몸에 참 많은 것을 맡겨놓고 살았다
>
> 뜬금없이 통증이 생길 때 더듬어 보는 가려운 기억은
> 제자리가 없어 이리저리 옮겨 다닌다
> 흔적으로 살아있는 벌레가 많다
> ―「환상벌레」 후반부

우리는 「돌의 말」에서 입을 닫고 있는 돌의 기억과 마주

한 바 있었다. 그 기억이 왜 침묵하는지 위의 시는 보여준다. 기억의 벌레들이 "깊은 침묵으로 숨어들"었기 때문이다. 그 "기억하고 싶지 않은 기억들"은 "들어온 흔적도 없이" "제자리가 없어 이리저리 옮겨 다"니며 "흔적으로 살아있"는 존재다. 하지만 어디에 있는지 모르는 그 기억의 벌레들은 "불시에 찾아"온 "날벌레의 날갯짓"처럼 "몸을 부르르 떨게 만"들거나 "뜬금없이 통증이 생"기게 하면서 자신의 존재를 드러낸다. 그렇기에 그녀는 불안을 유발하는 그 기억으로부터 '방향전환'할 수 있는 꿈꾸기를 절실히 필요로 하는 것일 게다. "언제나 열려 있는 창,"이자 "밖으로 잠깐만, 하면서/잠시 생각으로 들어가는 열린 창고"에 "들어 살고 싶다"(「예를 들어,」)는 시인의 희구는 이와 관련된다. 이 '창'은 '시인'으로서의 눈이며 '창고'는 '시인'으로서 거주하는 사유의 공간이겠다. 그러한 시인의 희구는 '시인'으로서 살고자 하는 희구인 것, 왜 시인은 그러한 삶을 살고자 하는 것일까? 마지막으로 언급할 시 「빌려주는 뼈」가 그 이유를 말해준다.

포옹, 둘이 하나가 되는 순간
순간의 동작으로 구조물이 된다

골조가 필요한 저 행동은
서로 빌려주는 뼈가 된다

내가 가진 뼈의 수만큼 나는 불안해서 가끔 다른 뼈를 상상한다 살며시 기대어 일어서려는 뼈가 된다 나의 뼈는 부축으로 일어날 수 있는데 뼈가 없는 것들의 힘은 어디서 생겨나는 걸까 뼈가 없는 것들이 뼈 없이 일어서려 할 때 나는 어떻게 해야 하나

　때때로 나는 부축하거나 때로는 주저앉히거나 한다 주변의 친절한 도구가 되려 한다
-「빌려주는 뼈」 전반부

　안은숙 시인이 세계의 사물들을 응시하고 이 사물들과 접촉하여 사물들의 목소리를 듣고자 하는 시작(詩作) 행위는 사물과의 포옹이라고도 할 수 있지 않을까. 그런데 그 "골조가 필요한" 그 포옹은 "서로 빌려주는 뼈가" 되는 행동인 것이다. 불안한 그녀는 자신이 "기대어 일어"설 수 있도록 지지해줄 "다른 뼈를 상상"한다. 그 상상의 뼈는 세계의 사물들과의 포옹을 통해 빌려올 수 있다. 그 포옹은 '나' 역시 포옹의 대상인 "뼈 없는 것들이 뼈 없이 일어서려 할 때" 부축해주는 '친절한 도구'가 되는 일이다. 세상의 사물에게 시인이 상상의 뼈를 빌려줌으로써 그 사물들은 "뼈 없이 일어"설 수 있게 되는 것이다. 시의 후반부에 따르면 '상상의 뼈'를 "서로 빌려주는" 이 포옹은 "완벽한

뼈가 되려 하는 일"이다.

> 포옹은 뼈를 빌려주는 일
> 완벽한 뼈가 되려 하는 일
>
> 죽어 있는 나무를 타고 오르는 저 넝쿨들, 세상의 줄기들은 다 뼈가 된다 나의 뼈도 너의 뼈도, 상상의 뼈 하나로 일어서려 한다
> -「빌려주는 뼈」 후반부

뼈를 빌려주는 시인의 포옹으로 "죽어 있는 나무를 타고 오르는 저 넝쿨들"도 뼈가 될 수 있다. 하여, 그 죽은 나무는 '넝쿨-뼈'를 의지하면서 새로이 일어서게 될 것이다. 시인의 포옹은 세상의 줄기들을 다 뼈로 변환시킬 수 있다. 물론 그 포옹을 통해 사물들 역시 시인에게 '상상의 뼈'를 빌려주면서 시인을 다시 일어서게 도와줄 것이다. 이렇게 시인인 '나'와 세상의 사물인 '너'의 포옹은 '상상의 뼈'인 시를 통해 "둘이 하나가" 될 수 있게 하며, 그리하여 '나'와 '너'는 "상상의 뼈 하나로 일어"설 수 있게 되는 것이다.

안은숙 시인에게는 '나'와 세상의 사물들을 관계 맺어주고 지탱해주면서 '나'와 그 사물들이 서로에게 뼈를 빌려줄 수 있게 해주는 이 '상상의 뼈'야말로 바로 시의 힘이

며, 이 시의 힘을 표출하는 것이 그녀가 시를 쓰는 이유일 것이다.

시인수첩 시인선 052
지나간 월요일쯤의 날씨입니다

ⓒ 안은숙, 2021

초판 1쇄 인쇄 2021년 11월 2일
초판 1쇄 발행 2021년 11월 9일

지은이 | 안은숙
발행인 | 이인철

펴낸곳 | (주)여우난골
주 소 | 서울특별시 강남구 언주로30길 27, 606호 (도곡동 우성리빙텔)
전 화 | 02-572-9898
팩 스 | 0504-981-9898
등 록 | 2020년 11월 19일 제2020-000328호

블로그 | blog.naver.com/seenote
이메일 | seenote@naver.com

ISBN 979-11-976430-0-2 03810

* 파본은 구매처에서 바꾸어 드립니다.